文心雕龍選講

劉鹮署

百年河大國學舊著新刊編纂出版委員會

主　任　關愛和
副主任　趙國祥　宋純鵬
委　員　（以姓氏筆畫爲序）
　　　　王學春　李振宏　李景文　李經洲
　　　　佟培基　苗書梅　馬小泉　袁喜生
　　　　張雲鵬　張德宗　程民生　劉小敏

百年河大國學舊著新刊

文心雕龍選講

溫繹之 編

河南大學出版社
·鄭州·

圖書在版編目(CIP)數據

《文心雕龍》選講/溫繹之編. —鄭州:河南大學出版社,2013.1(2016.5重印)
(百年河大國學舊著新刊)
ISBN 978-7-5649-1130-0

Ⅰ.①文… Ⅱ.①溫… Ⅲ.①《文心雕龍》—文學研究 Ⅳ.①I206.2

中國版本圖書館 CIP 數據核字(2013)第 024235 號

責任編輯	謝景和	封面題籤	王劉純
責任校對	謝 廓	封底篆刻	劉廣祥
封面設計	馬 龍		

出 版	河南大學出版社
	地址:鄭州市鄭東新區商務外環中華大廈 2401 號
	郵編:450046
	電話:0371—86059701(營銷部)
	網址:www.hupress.com
排 版	鄭州市今日文教印製有限公司
印 刷	河南新華印刷集團有限公司
版 次	2013 年 4 月第 1 版　　印 次　2016 年 5 月第 2 次印刷
開 本	890mm×1240mm　1/32　印 張　8.5
字 數	191 千字　　　　　　　定 價　22.00 圓

(本書如有印裝質量問題,請與河南大學出版社營銷部聯係調換)

目　錄

劉勰與《文心雕龍》 ……………………………	（　1）
序志 ……………………………………………	（ 19）
原道 ……………………………………………	（ 32）
辨騷 ……………………………………………	（ 42）
明詩 ……………………………………………	（ 56）
總術 ……………………………………………	（ 73）
神思 ……………………………………………	（ 83）
體性 ……………………………………………	（ 96）
風骨 ……………………………………………	（107）
通變 ……………………………………………	（117）
情采 ……………………………………………	（129）
鎔裁 ……………………………………………	（141）
物色 ……………………………………………	（151）
夸飾 ……………………………………………	（161）
養氣 ……………………………………………	（172）

附會 ………………………………… (182)
時序 ………………………………… (192)
知音 ………………………………… (219)
程器 ………………………………… (231)

妙手屠龍記
——追憶溫繹之先生 ………… 謝景和(242)
溫繹之先生工作簡歷 ……………… 溫耕圃(267)

編后记 ………………………………… (269)

劉勰與《文心雕龍》

劉勰是我國文學史上偉大的文學理論家和文學批評家，他的《文心雕龍》也是一部成就空前的文學理論和文學批評專著。爲了豐富和發展我們的文學理論與文學批評，爲了研究先秦至魏晋間的文學，對劉勰和《文心雕龍》花費一些精力，是完全有必要和有幫助的。

一、劉勰的生平和思想

《梁書》卷五十和《南史》卷七十二均有劉勰的傳，但都極爲簡略。因而對他的生平事迹，後世的研究者經過極大的努力，雖現已大體連貫起來了，但其中還不免有猜測的成分。

劉勰，字彥和，約生於劉宋明帝泰始元年左右，祖籍是今山東省的莒縣。西晋末年，北方幾個少數民族的統治者南侵，西晋的政權被摧毀，他們就跑到江南組織了新的政權。北中國的官僚、富有者和一些知識分子等也隨着南遷，劉勰的祖先就是這時把家搬到京口（今江蘇鎮江）的。他的祖父劉靈真，是在劉宋王朝做過幾任刺史而死後追贈爲司空的劉秀之的弟弟。他的父親劉尚，後人只知道他做過越騎校尉，這是一個小的武官。在劉勰幼年，劉尚就死去了，他的家也就更爲敗落。

劉勰又是出身於有文化的家庭，稍長，"篤志好學"。在他二十歲左右，不幸又死去了母親。他受到父母雙亡的打擊，又受到佛教思想的影響，加以要讀書成名，就到了南京附近環境幽靜而藏書較多的定林寺，投靠佛教大師兼著名學者僧祐。他在那裏住了十多年，除了協助僧祐整理佛經外，又讀了很多儒家經典、史書、子書和文學專著，爲寫作《文心雕龍》打下了堅實的基礎。

《文心雕龍》寫成於何時？現在的研究者多半認爲是在南齊末年，也有人以爲南齊末是劉勰寫作《文心雕龍》的醖釀時期，成書當在梁代。書成之後，他想請在政治上和文學界負有盛名的沈約給予鑒定，就背着書稿，裝作賣貨郎，趁沈約出門而到車前求見。沈約讀了他的文稿，大爲贊賞，常把它置於案頭。從此，劉勰和《文心雕龍》就漸漸出名了。

劉勰將近四十歲時，南朝改爲梁代，他開始踏入仕途。他先做"奉朝請"，這是個虛銜，官級很低，但卻是做官的必經階段。不久，他又做了中軍將軍臨川王蕭宏（梁武帝之弟）的記室，猶今之秘書。次年，蕭宏北伐，他改任車騎倉曹參軍，掌管倉庫和武器的出入賬目。這時他也曾出任太末（今浙江龍游）縣令，頗有政績。後來又做了仁威將軍南康王蕭績（梁武帝第四子）的記室；幾年後，兼任昭明太子蕭統宮中通事舍人，主管章奏。我們知道，蕭統很喜愛文學，曾編選著名的《文選》，他對劉勰非常器重。梁武帝天監十八年，劉勰五十五歲左右，因向武帝上表有功，任步兵校尉，掌管皇帝上林苑的警衛工作，仍兼任通事舍人。由於他做通事舍人的時間較長，又是最後的官職，後世稱他爲劉舍人。

天監十七年，僧祐卒。他晚年曾收集了很多佛經，加上原來已有的一些，都需要整理。梁武帝是個信奉佛教的人，就派劉勰又回到定林寺，和慧震等一同整理佛經。由於佛教對劉勰的影響日益深入，加以政治上大志未遂，就使他在五十八歲那年，堅決出家，改名慧地，當了和尚。次年，他就去世了。

在長期的封建社會裏，中國的統治者總是以儒家思想作爲統治工具的。而六朝時期，由於戰亂，佛教思想很快地發展起來了。劉勰自幼讀了很多儒家經典，從《文心雕龍·序志》篇可知他是孔子的忠實信徒。同時，二十歲後，他和僧祐一起生活了十多年，整理了大批佛經，是不能不受影響的。故劉勰的前期思想受儒佛二家的影響都有，但以儒家思想爲主，這在

《文心雕龍》中表現得很明顯。這一主導思想持續到他五十多歲,由於他從政期間,雖竭盡全力,仍未達到他"緯軍國"和"任棟樑"的宏願,遂使他腦海中原來的佛家思想,就很快地上昇爲主流了。他最後出了家,便是有力的證據。

關於劉勰的世界觀,説法不一。從《文心雕龍》中所反映出來的傾向來看,唯物的成分多於唯心的成分。從先秦、兩漢到與劉勰同時代的劉孝標和范縝等,出現了不少唯物主義者。重視實事求是的劉勰,受他們的影響是很自然的。如《物色》篇所説的"物色之動,心亦搖焉","情以物遷,辭以情發"等,例子不勝枚舉,像這種以物爲心與情之主的觀點,都應屬於唯物主義的。但他所處的時代,玄學和佛教盛行,方士四出;他又在定林寺居住多年,唯心主義的思想也會浸入他的頭腦。我認爲,在古代純粹的唯物主義者恐怕是很難找到的。

二、《文心雕龍》中的基本觀點

《文心雕龍》是一部"體大思精"的著作,評論了南朝宋齊以前的主要作家和作品,論述了三十多種文章體裁,在創作論上、批評論上、修辭學上,又談到了很多重要問題,内容豐富,真可謂是"體大思精"。但貫穿全書的基本觀點是什麽呢?

(一) 宗經觀點

《文心雕龍·序志》篇説："蓋文心之作也,本乎道,師乎聖,體乎經。"這是説他寫作《文心雕龍》以道爲根本,以聖人(指周公和孔丘)爲師,以經書爲主體。此即《文心雕龍》的頭三篇:《原道》、《徵聖》和《宗經》。這裏所謂道,就是自然規律,就是劉勰所認爲的真理。他在《宗經》篇中又説:"經也者,恒久之至道,不刊之鴻教也。"這是説始終不變的道理——真理,叫做經,可知經就是道。劉勰以爲聖人最懂得真理,也最能把真理付諸言行,經書就是體現聖人言行的。所以,"原道"、"徵聖"、"宗經"三者,"宗經"是其核心,是他立論的基礎,並貫串於整個《文心雕龍》之中。

劉勰爲什麽這樣響亮地提出"宗經"呢?他認爲經書不但是各種文體的本原,也是寫作和批評的準則。如《宗經》篇説:"故文能宗經,體有六義:一則情深而不詭,二則風清而不雜,三則事信而不誕,四則義直而不回,五則體約而不蕪,六則文麗而不淫。"這是説能夠宗經,第一是抒發的情感深摯而不怪異,第二是表現的風格清明而不雜亂,第三是叙事真實而不荒唐,第四是表達的旨義正直而不曲回,第五是文體簡練而不蕪雜,第六是文辭美麗而不過分。總之,劉勰把聖人的經書視爲取之不盡、用之不竭的源泉。

劉勰提出宗經,又是針對當時的文風而發的。我們知道，六朝時期形式主義文風愈演愈烈，到南朝的宋、齊兩代，已達到更甚的地方。從內容來看，不是談玄，就是描繪山川風月，空洞無物，缺乏真情實感。正如鍾嶸在《詩品序》中說的："永嘉時，貴黃老，稍尚虛談，於是篇什，理過其辭，淡乎寡味。爰及江表，微波尚傳。孫綽、許詢、桓、庾諸公詩，皆平典似道德論。"後來隋朝李諤的《上隋高帝革文華書》也說："連篇累牘，不出月露之形；積案盈箱，唯是風雲之狀。"再就形式來看，則是雕琢辭句，講究對偶，重視韻律，唯務新奇。劉勰在《文心雕龍·明詩》篇中概括了這種情況："儷采百字之偶，爭價一句之奇，情必極貌以寫物，辭必窮力而追新。"可見，劉勰提出宗經的口號，以期改變這種文風，這在當時是有一定進步意義的。

　　劉勰把創作植根於經書之中，是不對的，但他也不可能提出社會生活才是寫作的源泉。而他以經書作為批評的準則，也是錯誤的。如他在《辨騷》篇中肯定《楚辭》"同於風雅"的"典誥之體"、"規諷之旨"、"比興之義"、"忠怨之辭"四點，聯繫既很勉強，也全屬儒家觀點。退一步說，就是完全吻合孔丘的思想，也不是都可以肯定的。至於他否定《楚辭》"异乎經典"的"詭异之辭"、"譎怪之談"、"狷狹之志"、"荒淫之意"四點，既沒有認識到神話傳說的積極意義，也抹煞了想象在創作中的作用。劉勰視經書為百寶箱，將其拔高到不適當的地位，對此我們是無法同意的。

（二）文質並茂觀點

劉勰所謂的"文"，主要是指作品的辭藻；所謂的"質"，主要是指作品中的情志。這與我們現在所說的作品內容與形式，是有一定距離的。但他能在過分重視形式而輕視內容的當時，提出文質並茂的觀點，反對言之無物、文質脫節的文風，是值得珍視的。這個觀點，也貫串在《文心雕龍》的全書之中。

文質並茂的觀點，早已被孔子所提到，如他在《論語·雍也》篇中說："質勝文則野，文勝質則史，文質彬彬，然後君子。"劉勰在《文心雕龍》中專寫了《情采》篇來討論這個問題，其他如《風骨》、《鎔裁》、《附會》等篇，也都涉及到這個問題。

《情采》篇首先指出文和質的關係是："水性虛而淪漪結，木體實而花萼振，文附質也。"這裏把水性和木體比作質——作品的情志，把波紋和花萼比作文——作品的辭藻，它們的關係是文附著於質，即辭藻附著於情志，也就是形式只能依靠內容而存在。接着又說："虎豹無文，則鞹同犬羊；犀兕有皮，而色資丹漆，質待文也。"這是說刮去毛的虎豹之皮，失去了文采，和犬羊的皮就一樣了；犀兕的皮雖可制兵甲，但必須涂上丹漆的色彩才算美觀，以此來說明內容也需要形式才能表現出來。他又進一步指出二者的主次關係說："故情者，文之經；辭者，理之緯。"這是以織布為喻，以情理比作經綫,以辭藻比作緯綫,經綫和緯綫相比,經綫當然是主要的。他又把作品分爲"爲情而造文"和"爲文而造情"兩類,前者是有真情實感需要抒發而寫出的"詩人"之作,他是很稱贊的;後者是爲了玩弄辭藻,捏造情思而寫出的"辭人"之作,他是很厭惡的。我們認爲,劉勰對文和質的看法,基本上是正確的。需要指出的是,他所説的質——作品的内容,是儒家之道,即孔孟常説的忠孝仁義之類則是不足取的。

(三) 功用觀點

功用觀點也是儒家的主張,如《論語·陽貨》篇説:"《詩》可以興,可以觀,可以群,可以怨,邇之事父,遠之事君;多識於鳥獸草木之名。"《子路》篇又説:"誦《詩》三百,授之以政,不達;使於四方,不能專對;雖多,亦奚以爲?"劉勰也認爲,寫一篇作品,總要有益於教化。但六朝文風,作者只是在炫耀自己的才華而已。

劉勰在《序志》篇説:"唯文章之用,實經典枝條。"這是説寫文章要起到經典的輔助作用。又對他以前的文論總評道:"並未能振葉以尋根,觀瀾而索源,不述先哲之誥,無益後生之慮。"這是批評它們都沒有根據經典立論,是無益於後來讀者的。《程器》篇説:"摛文必在緯軍國",這是要求作家寫文章要爲國家大事。《徵聖》篇談到爲文要有助於"政化"、"事迹"、"修身"。總之，他認爲作家再不能像六朝時那樣不關心實際了。

在《明詩》篇中劉勰説："及大禹成功，九序惟歌；太康敗德，五子咸怨，順美匡惡，其來久矣。"這是説大禹依次做成了九項大事，受到歌頌。太康因荒淫失國，兄弟五人都作詩表示怨恨。這是我國悠久的順美匡惡的優良傳統。又説："漢初四言，韋孟首唱，匡諫之義，繼軌周人。"這是説韋孟倣法《詩經》，在漢初首先寫了四言的《諷諫詩》，肯定了它匡正規勸的内容。

劉勰要求作家爲文都要有教化作用，促使人的情志言行都合乎正道。這個道當然還是儒家之道。

（四）自然觀點

劉勰對當時駢儷雕琢過甚的形式主義文風是極爲不滿的。但他的《文心雕龍》都是用典型的駢文寫成的，又主張寫作要注意韻律、對偶、用典、選辭等。這是不是矛盾呢？不矛盾。他要求的是順應自然，反對的是人爲的造作。

劉勰在《情采》篇中説："夫鉛黛所以飾容，而盼倩生於淑姿。"這是説美人是需要擦粉畫眉的，但眼波流轉和微笑之美的最基本條件，倒是她生來的優美姿色。人寫文章，也是如此。《明詩》篇説："人稟七情，應物斯感，感物吟志，莫非自然。"這是説人是有感情的，受到外物的感動就要抒發自己的情思，沒有不是自然的。在聲律問題上，劉勰和沈約的不同之點在於,沈約講的是人爲的音律,劉勰講的是自然的音律。如在《聲律》篇開頭就説:"夫音律所始,本於人聲者也。聲含宫商,肇自血氣,先王因之,以制樂歌。故知器寫人聲,聲非學[效]器者也。"這是説音律當初是以人的聲音爲根本的,人的聲音就有高低麤細的不同,先王便按照人的聲音製作了樂歌,這説明樂器是傚法人聲的,不是人聲傚法樂器。關於對仗問題,《麗辭》篇説:"造化賦形,支體必雙,神理爲用,事不孤立。……高下相須,自然成對。"這是説人的身體,天生就是左右手,左右足,左右耳;事物也是有高就有低,有上就有下,没有孤立的,這是神妙的自然現象。劉勰的自然觀點,也是針對當時不自然的文風而提出的。

我們提出這四點作爲劉勰在《文心雕龍》中的基本觀點,當然包括不了他全部的文學觀。其他如文學與時代不可分離的觀點,在繼承的基礎上要創新的觀點,作品風格與作家個性相結合的觀點等等,都是十分重要的,但它們都没有貫串全書之中,我們在此就略而不提了。

三、《文心雕龍》簡介

劉勰爲什麽要寫《文心雕龍》呢?這在《序志》篇中説得是很明白的。首先他要樹一家之言,留名後世;其次是要糾正當時形式主義的文風;再次是對他以前的文論著作不滿，要根據聖人的經典，建立自己的理論。

他爲什麼能寫成這部"體大思精"的著作呢？我們知道，先秦和兩漢時期，已有了一些散見於各書的文學理論與批評的言論。到了六朝時期，文學逐漸和文化、學術分家，從而有了專門的文人，文學著作繁榮起來。又由於"品評"之風日盛，促進了對文學的評論，特別是對當時的文風，更是議論紛紜。這就要求對古今作家、作品進行總結，從中找出一些經驗和教訓。於是，文學評論的著作，很快如雨後春笋般地發展起來。曹丕首先寫了以論述建安七子爲主的《典論·論文》，繼之陸機寫了以論述創作爲主的《文賦》。後來又有摯虞的《文章流別論》和李充的《翰林論》，這兩部書已失傳，就其殘存的部分來看，都是偏重談論文體的。劉勰的《文心雕龍》，就是在前人成績的基礎上，加上他個人多年的鑽研，並針對着當時的文學傾向而寫出來的。全書共五十篇，前二十五篇爲上編，以論文體爲主；後二十五篇爲下編，以剖析創作爲主。

（一）《文心雕龍》上編

《文心雕龍》上編二十五篇可以分爲兩部分。前五篇《原道》、《徵聖》、《宗經》、《正緯》和《辨騷》，爲劉勰著書的總則。前面我們對"道"和起核心思想作用的"宗經"已經解釋過，在此就不贅述了。

下餘二十篇又根據"文"、"筆"分爲兩部分。"文"、"筆"之説,意義比較明確的是在東晋。一般認爲有韻的講究辭藻的叫做"文",無韻而質樸的叫做"筆"。《明詩》、《樂府》、《詮賦》、《頌讚》、《祝盟》、《銘箴》、《誄碑》、《哀弔》八篇,屬於"文"的範圍。《雜文》和《諧讔》兩篇,兼有"文"、"筆"兩方面的性質。《史傳》、《諸子》、《論説》、《詔策》、《檄移》、《封禪》、《章表》、《奏啓》、《議對》、《書記》十篇,屬於"筆"的範圍。這二十篇共提到了三十多種文體。

　　這三十多種文體,劉勰認爲都源於經書。

　　源於《詩》的有:1.詩;2.樂府——詩之配樂可歌者;3.賦——介於詩和文之間的文體;4.頌和讚——頌是頌揚人或事者,讚是讚揚別人者;5.雜文中的對問、七和連珠——對問是假設賓主問答之辭,七是假設七件事以諷諫者,連珠是辭句連續,互相發明,如珠之成串者。

　　源於《書》的有:1.詔和策——詔是詔令,策是策封,都是皇帝封官授爵的公文;2.章和表——章是向皇上謝恩者,表是向皇帝表情者,都是上行公文;3.奏和啓——奏是用以彈劾官吏者,啓是開頭用"啓聞"或收尾用"謹啓"者,其作用與表、奏相近;4.議和對——議是上書皇帝參議政事者,對是對策,與議相近;5.書和記——書、記都是私人的書信,而記則是寫給地位較高者的書信;6.雜文中的典、誥、誓、問等。

源於《易》的有：論和説——論是綜合各家的意見，提出自己的看法者，説是劉勰所説的"遊説"之辭。

源於《禮》的有：1. 封禪——是皇帝在泰山祭天時舉行大典的文章，實屬頌讚一類；2. 祝和盟——祝是祭祀時向神祝願者，盟是對天盟誓，取信於神者；3. 銘和箴——銘是用以自我警戒爲主者；箴是用以警戒別人爲主者；4. 哀和弔——哀、弔都與祭文相似；5. 誄和碑——誄是叙述死者的功德而表示哀悼者，碑是叙述死者的生平而刻於石上者。

源於《春秋》的有：1. 史和傳——在《史傳》篇中，只談到史書的起源、體例和史家的問題，没有作爲文體來論述；2. 檄和移——檄是多用於軍事上聲討的文書，移文猶後世的通告。

關於《諸子》篇，只評論了諸子的學説和各家文章的風格特點，没有作爲文體來論述。

劉勰强拉硬扯地認爲各種文體皆出於經書，這是他迷信經書所致。而且他論到的這些文體，多爲服務於統治者的應用文，是非文學性質的。但他的分類較爲細密，比起前人來説，是有發展的。

劉勰在《序志》篇中提到他論述各種文體時有四條原則：一是"原始以表末"，即論述每種文體的原委和演變的情況；二是"釋名以章義"，即對每種文體的命名加以解釋，來説明它的性質；三是"選文以定篇"，即選出每種文體的代表作家和代表作品，加以評定；

四是"敷理以舉統",即陳述每種文體的要義以提出其寫作的要領。在論述中,由於他的儒家正統思想從中作怪,當然有一些美中不足之處,如對一種文體的盛衰,認爲主要是統治者的提倡與否,對於民間文學極不重視,對於文人的評價也有過高過低的缺點,但從整體看則有不少高明的識見。

(二)《文心雕龍》下編

劉勰在上編分論文體時,總結出了一些寫作的理論和經驗。在這個基礎上,他針對着當時的文風,又寫出了下編。下編二十五篇文章,據《序志》篇說,除《時序》、《才略》、《知音》、《程器》和《序志》五篇各論及一個問題外,下餘二十篇是分論"剖情"和"析采"兩方面的問題的。其中所論到的有不少是文學理論的重要問題。現就按這三大部分簡單介紹如下。

我們先說《序志》篇,這是全書的總序。現在我們書的序言,一般都在書的前面;而唐朝以前的人多把序言放在書的後邊,或稱爲"跋"。劉勰在這篇文章中,告訴了我們《文心雕龍》的命名,寫作書的動機和守則,以及全書的内容。這些有的已在前面說過了。《時序》篇可以說是一部文學簡史。它叙述了從堯舜到南齊的文學演變,結合每一朝代的政治社會情況指出其文學特點,并兼論到了主要的作家和作品。《才略》篇主要是評論作家的才思和識略的,它對作品的風格影響很大。《知音》篇是專講文學批評的。由於人多"貴遠賤今"、"崇己抑人"、"信僞迷真",故知音難逢;後又提出"六觀",即"位體"、"置辭"、"通變"、"奇正"、"事義"、"宮商"六點,作爲批評的標準。《程器》篇是論述作家要有品德和政治識見的修養,因爲它與創作是有密切關係的。

屬於"剖情"部分的,有《神思》、《體性》、《風骨》、《通變》、《定勢》和《養氣》六篇。《神思》篇是論述藝術構思的。藝術構思是創作文學作品和非文學作品的主要區別。在藝術構思活動中,作家在現實的基礎上,靜則"思接千載",動則"視通萬裏",甚至作家的"神"與"物"也共同活動起來,相互交融。但作家又必須有基本功:"積學以儲寶,酌理以富才,研閱以窮照,馴致以繹辭。"這是說平素要積累知識,要辨別事理以豐富才能,要深入研究觀察事物以認識其本質,還要鍛煉情操以便更好地運用文辭。《體性》篇是論述作品風格和作家個性關係的。劉勰認爲,由於作家先天的"才"和"氣"的不同,後天的"學"和"習"的不同,故風格多種多樣。他又概括爲八種風格,即"典雅"、"遠奧"、"精約"、"顯附"、"繁縟"、"壯麗"、"新奇"、"輕靡"。後來他又提出了值得注意的兩點:一是"八體屢遷,功以學成",二是"才由天資,學慎始習",他強調了幼年學習的重要,而不迷信天才。《風骨》篇中所說的"風骨",是古代文學理論中常用的術語,對其意義,至今説法不一。綜觀劉勰的意見，"風"是指作品中的思想情感所產生的感染力，"骨"是指辭藻韻律等所產生的動人力量。要達到風骨有力，就要"析辭必精"和"述情必顯"。後又要求作家要以經書爲寫作的典範，也要吸取子書史書中的寫作方法，深刻瞭解感情的變化，完全掌握各種文體的規格要求，這樣就能寫出新穎的內容和優美的文辭相結合的作品了。《通變》篇是論述繼承和革新關係的。劉勰認爲寫作的原則是不變的，故要向前人學習；但也要有革新發展，才能"騁無窮之路，飲不竭之源"。針對當時的作者"多略漢篇，師範宋集"之病，他又提出"矯訛翻淺，還宗經誥"的處方，要求大家要在"質文之間"和"雅俗之際"，仔細來考慮才是。《定勢》篇之"勢"，至今說法紛紜。該篇主要是說各種文體的規格是不同的，但要看實際需要以定其勢，即劉勰所謂"乘利而爲制也"。一篇文章之勢和體裁之間必須統一和諧，決不能"雅鄭而共篇"。他最後提出"逐奇而失正"是要不得的，應當"執正以馭奇"。不過劉勰所謂"正"、"奇"，都是以是否合於儒家經典爲分界的。《養氣》篇是説在寫作時，要精神愉快，從容逍遙，有節奏地進行，才能保持思路暢達，筆鋒常健，而沒有阻塞。這就需要修養心神。

屬於"剖情"兼"析采"二者的，有《情采》和《鎔裁》兩篇。關於《情采》篇，前文已述。《鎔裁》篇的"鎔"，是冶煉之意，是比喻對作品內容要有取捨，使其主題突出,條理分明;"裁"是裁衣,比喻對用辭要有推敲,使文章幹净利落。此即劉勰所説的:"裁則蕪穢不生,鎔則綱領昭暢。"對此,他提出了三條準則:先是"設情以爲體",即開始時就要將抒發的内容來選擇適當的體裁;二是"酌事以取類",是説接着要選取與主題最有關聯的事例和典故;三是"撮辭以舉要",即最後要選極恰切的辭藻來突出要點。這樣,就達到"情周而不繁,辭運而不濫"的境地了。

　　屬於"析采"部分的有下列十二篇:《聲律》篇是説文學作品是需要有抑揚韻律的,但要自然,要發揚人的語言中的自然音調之美。《章句》篇是講選辭造句、篇章結構和虛辭用法的。《麗辭》篇是講對仗的,認爲對仗要自然,要用得恰當。《比興》篇是講比喻和興起兩種表現手法的。要求是比喻要用得恰切,以物興情要含有諷刺之意。《夸飾》篇是講誇張在寫作中是不可少的,可以增强感染力量,但要用得合情合理,要有分寸。《事類》篇是講引用事例和運用典故的,作用在於加强自己論點的正確性,但要用得貼切、合理、自然。《練字》篇是專講用字要精當的,不要用"時所共廢"和希奇古怪的字。《隱秀》篇是説寫文章要講含蓄,也要有警句。《指瑕》篇是説有的作者用辭、用典不當,有的用的辭義模糊,還有剽竊别人辭句的,這都是爲文的瑕疵。《附會》篇是講對文意和文辭的安排的,劉勰對此提出"總文理"、"統首尾"、"定與奪"、"合涯際"四點,即要主題明確,首尾一致,決定取捨,上下銜接,這樣就能把文章寫得有條理而意義清晰了。《總術》篇總論寫作方法的重要性。因為寫作方法是多種多樣的,但作者要掌握全局,要配合得當,不能有矛盾。《物色》篇是講自然景物和作者感情關係的。作者要善於捕捉事物的特徵,寫得富有情趣,切忌把情和景寫成兩張皮。

四、結束語

上面我們對劉勰和他的《文心雕龍》作了粗略的介紹,可以知其梗概。由於它"體大思精",豐富多彩,還有一些主要的和精細之處,難免會有遺漏。關於其局限性、不當和錯誤的地方,我們也順便點到了一些。又因為它比較難懂,我們的理解是難免有錯誤的。

《文心雕龍》對當時以及後來在創作上,在文評詩話著作的發展上,在文學理論和文學批評上,都起着積極的作用。有些論點,至今還有借鑒之處,在研究先秦至六朝文學中,起到了一定的輔助作用,常有人引証他的話來立論。劉勰在我國文學史上是有很大功績的,《文心雕龍》的成就也是卓絕的。

現在對《文心雕龍》進行研究的人越來越多,都是有成績的。不久的將來,會將它解釋得更完美,更符合原意。

序 志①

　　夫"文心"者,言爲文之用心也。昔涓子《琴心》②,王孫《巧心》③,心哉美矣,故用之焉。古來文章,以雕縟成體,豈取騶奭之群言雕龍也④?夫宇宙綿邈,黎獻紛雜;拔萃出類,智術而已⑤。歲月飄忽,性靈不居;騰聲飛實,製作而已⑥;夫〔有〕肖貌天地,禀性五才,擬耳目於日月,方聲氣乎風雷,其超出萬物,亦已靈矣⑦。形同草木之脆,名踰金石之堅,是以君子處世,樹德建言。豈好辯哉⑧?不得已也!

注釋

　①此文爲原書的第五十篇,即最後一篇,是全書的總序。作者叙述了書名的由來,寫作的目的,全書的内容等。序是一種文體名,古人的書序在書後,今人的書序在書前。

　②涓子——戰國時楚人,亦作蜎子,道家,著書上下篇,即《琴心》。

　③王孫——《漢書·藝文志》:儒家有"王孫子一篇",並自注云:"一曰巧心。"以上幾句是説"文心"是講作文的用心,以前涓子、王孫子寫書都用了"心"字,"心"字很好,所以我這本

書也用了"心"字命名。

④騶奭——騶,同鄒,奭(shì)。騶奭,戰國時齊人,因其爲文好雕琢,故大家稱之爲雕龍奭,龍本身富有文采,若再給予雕飾,彩錦就更繁密了。這幾句是説自古以來的文章,靠修飾和文采來構成,不是倣仿騶奭的。

⑤夫宇宙四句——綿邈,久遠之意。黎獻,衆賢人之意。黎,黎民,衆多。獻,賢者。這四句是説宇宙久遠無窮,常人賢才混雜一起,那些出類的人物是靠才智罷了。

⑥歲月四句——飄忽,迅疾,快。不居,不停留。騰聲飛實,聲,指名聲。實,指學問道德。製作,創作。這四句是説時間飛快過去,人的才智不能久留,要想使名聲和事功長久留下去,只有靠創作罷了。

⑦肖貌天地六句——五才,勇、智、仁、忠、信。或作五行,仁、義、禮、智、信,又稱五常。這六句是説人的容貌像天地,稟性有五行,耳目似日月,聲氣似風雷,他超越萬物之上,算是最靈智了。

⑧豈好句——《孟子·公孫醜》:"余豈好辯哉,余不得已也。"辯,辯説,寫文章。這幾句是説,人的形體脆弱,名聲堅固,君子在世要立德立言,要寫文章流傳下去。

　　予生七齡,乃夢彩雲若錦,則攀而採之。齒在踰立,則嘗夜夢執丹漆之禮器,隨仲尼而南行⑨。旦而寤,迺怡然而喜⑩。大哉聖人之難見哉,乃小子之垂夢歟⑪!自生人以來⑫,未有如夫子者也!敷讚聖旨,莫若注經,而馬鄭諸儒,宏之已精;就有深解,未足立家⑬。唯文章之用,實經典枝條;五禮資之以成,六典因之致用,君臣所以炳焕,軍國所以昭明,詳其本源,莫非經典⑭。而去聖久遠,文體解散,辭人愛奇,言貴浮詭,飾羽尚畫,文繡鞶帨,離本彌甚,將遂訛濫⑮。蓋《周書》論辭,貴乎體要⑯;尼父陳訓,惡乎異端⑰;辭訓之異,宜體於要⑱,於是搦筆和墨,乃始論文⑲。

注釋

⑨齒在踰立三句——踰立,立,年三十歲。踰立,過了三十歲。《論語·爲政》篇云:"吾十有五而志於學,三十而立,四十而不惑……"禮器,古代祭祀和宴會時用以盛禮品的(竹制圓器),豆(木制,像高脚盆子)。仲尼,孔子表字。

⑩迺——乃的異體字。

⑪乃小子句——小子,對尊長的自稱。垂夢,示夢,夢中顯現。此句意思:這是聖人孔子給我降下的夢嗎?這充分表明了劉勰的儒家思想。夫子,孔門之徒稱孔子,後用作對老師的稱呼。

⑫自生人句——生人,人類,自有人類以來。

⑬敷讚聖旨六句——敷讚,闡述表明,發揮説明意思。馬鄭,馬融、鄭玄,皆爲後漢大儒。馬融注《孝經》、《論語》、《詩》、《易》、《書》、《三禮》等,鄭玄注《易》、《詩》、《書》、《禮》、《儀禮》、《論語》、《孝經》等,鄭玄是馬融的學生。宏,通弘,弘揚,擴大,闡揚。立家,自成一家,一家之説。該六句的意思是説,要闡明聖人的意旨,最好是注解經書,可是馬鄭大儒已經發揮得很

· 21 ·

精闢了,我即使有獨到的見解,也構不成一家。

⑭五禮讚之以成六句——五禮,封建社會的五種禮制,即吉禮、凶禮、軍禮、賓禮、嘉禮(後世專指婚禮)。讚,藉助。之,指文章。六典,即治典、教典、禮典、政典、刑典和事典。《周禮·天官·大宰》:"大宰之職,掌建邦之六典,以佐王治邦國。"因,依藉。之,指文章。致用,盡其功用,付諸實用。炳煥,光輝鮮明。此六句意思是,五禮大典,君臣政績,軍國大事都離不了文章來完成,來顯現。推究到底,各種文章都是從經典裏來的。

⑮而去聖久遠八句——去,離開。文體解散,文章的體制遭到破壞。言貴浮詭,看重浮靡詭異的語言。浮詭,浮華奇異。尚畫,(色彩鮮明的羽毛上)加之以顏色。《莊子·列御寇》:"仲尼方且飾羽而畫,從事華辭。"鞶(bān)帨(shuì),鞶,大帶也。帨,佩巾也。謂在華美的鞶帨上再繡以文彩(如花草蟲魚等物),更為美麗。訛濫,訛謬淫濫。這八句意思是,因離開聖人太遙遠,文體遭到破壞,作家愛好新奇,看重語言的華靡,在鮮明的羽毛上添顏色,在刺繡的帶子上再刺繡,離開寫文章的根本太遠,將文風推向訛謬淫濫的地步。

⑯體要句——《尚書·周書·畢命》:"政貴有恒,辭尚體要。"即精要,具體扼要。

⑰尼父二句——尼父,對孔子的敬稱,古時常在男子字的後面加"父",以示尊敬。《論語·為政》:"子曰,攻乎異端,斯害也已!"訓,教道。惡,厭惡。

⑱辭訓二句——辭,指《周書論辭》。訓,指尼父陳訓。異,指周書和尼父之論,不同於"辭人愛奇"。不同的核心問題,即為體要。以上四句意思是,《周書》講到文辭,重在體會

要義,孔子陳述教訓,憎恨異端,都是說文辭應體現在要義上。

⑲於是二句——搦(nuò),握也。這兩句是,於是我提筆開始著書論文。

詳觀近代之論文者多矣:至於魏文述典⑳,陳思序書㉑,應瑒文論㉒,陸機《文賦》㉓,仲治《流別》㉔,弘範《翰林》㉕。各照隅隙,鮮觀衢路㉖;或臧否當時之才,或銓品前修之文㉗,或汎舉雅俗之旨,或撮題篇章之意㉘。魏典密而不周,陳書辯而無當,應論華而疏略,陸賦巧而碎亂,《流別》精而少〔巧〕功,《翰林》淺而寡要㉙。又君山公幹之徒,吉甫士龍之輩,汎議文意,往往間出,並未能振葉以尋根,觀瀾而索源㉚。不述先哲之誥,無益後生之慮。

注釋

⑳魏文句——魏文,指魏文帝曹丕。典論,指曹丕寫的《典論·論文》,此文是論述當時作家——建安七子的長短的。

㉑陳思句——陳思,即曹植,因曹植曾封爲陳王,卒諡曰思,也稱陳思王。序書,指他寫的《與楊德祖書》。

㉒應瑒句——應瑒,三國魏汝南人,字德璉,建安七子之一。《藝文類聚》卷二十二有他的《文質論》一文,講文和質的關係的,很少涉及文學問題。

㉓陸機句——陸機,字士衡,西晉吳郡(今江蘇吳縣)人,著有《文賦》,以辭賦體來討論創作問題的名篇。

㉔仲治句——晉初作家摯虞,字仲治。著《文章流別論》,

已失傳，嚴可均《全晉文》卷七十七尚輯錄一些他的論文學的言論。

㉕弘範句——西晉作家李充，字弘範。著《翰林論》，唐初已亡佚，從《全晉文》輯錄的十幾則看，較《文章流別論》簡略，是褒貶各種文體中的作品的。

㉖各照二句——是說他們各看到一角，很少能看到通四方的大道的，（指寫作的主要途徑）。

㉗臧否（zāngpǐ）二句——臧否，褒貶，評論。銓（quán），衡量輕重。前修，前賢，前代作家。

㉘汎舉二句——汎舉，一般地衡量或討論。雅俗，文雅粗俗，指作品的風格。撮題，扼要地書寫。這兩句意思是，有的汎論雅俗風格的要旨，有的總括文章的用意。

㉙魏典以下六句——意思是《典論·論文》分析精密而不完備；《與楊德祖書》善於辯論而不恰當；《文質論》有文采，可是粗疏；《文賦》精巧，可是瑣碎雜亂；《文章流別論》論述精闢，可是不切實用；《翰林論》淺薄，沒有抓住要領。

㉚君山六句——君山，後漢學者桓譚，字君山。著有《新論》，其中有不少論文的話。公幹，魏代劉楨，字公幹，建安七子之一。吉甫，晉應貞，字吉甫，應璩之子，其論文的話無考。晉陸雲，字士龍，與兄士衡的書信中，多有論文之語。這六句是說，他們四人只是汎汎地談論到文章的用意，并且又是夾雜在其它文章中的，都沒有追尋到根本。

蓋《文心》之作也，本乎道㉛，師乎聖，體乎經㉜，酌乎緯㉝，變乎騷㉞：文之樞紐㉟，亦云極矣㊱。若乃論文敍筆,則囿別區分㊲;原始以表末㊳,釋名以章義㊴,選文以定篇㊵,敷理以舉統㊶:上篇以上,綱領明矣。至於〔割〕剖情析采,籠圈條貫㊷:摛神性㊸,圖風勢㊹,苞會通㊺,閱聲字㊻,崇替於《時序》,褒貶於《才略》㊼,怊悵於《知音》,耿介於《程器》㊽,長懷《序志》,以馭群篇㊾:下篇以下,毛目顯矣。位理定名㊿,彰乎大易之數㉛,其爲文用,四十九篇而已。

注釋

㉛本乎道句——以道爲本源。劉勰認爲道是文章的根源,文應以表現道爲職責。他所說的道,即自然界和人類間的真理。

㉜師乎聖二句——以儒家聖人爲師。劉勰認爲聖人著作爲經,是後世各體文章的淵源,在思想和藝術上也爲後人著作創立了榜樣,故要向聖人學習,以經爲主體。

㉝酌乎緯句——酌,酌量,斟酌,即參考。對緯書要斟酌去取。緯,指對經書而言的緯書,如《易緯》、《書緯》、《詩緯》、《禮緯》、《樂緯》、《春秋緯》、《孝經緯》,稱爲七緯。這是漢朝人配合經書而假託孔子的僞造出來的。意謂要吸取緯書的文采。

㉞變乎騷句——變,變革,不墨守陳規。此句是說要像屈原那樣有獨到革新的精神。他認爲《離騷》是儒家經典的變種,即《楚辭》是經典的支流。

㉟樞紐——關鍵,即著作的關鍵。

㊱亦云句——極,盡也。此句是說,他著作時所遵守的關

鍵是很完備了。

㊲若乃二句——因爲對文學性質的認識，由廣義逐漸向狹義發展，至南北朝時期，已明確提出“文”、“筆”之分，一般來説，“文”指有韻的和有彩錦的作品，“筆”指無韻的和不重視彩飾的作品。這兩句是説《文心雕龍》的前半部分，除前五篇是寫作的原則外，其餘二十篇是按“文”和“筆”兩大類論述的，這兩大類中又是按文體來寫成的。第六篇至第十五篇，所論的十五種文體，都屬於“文”的範圍；第十六篇至第二十五篇，所論的十七種文體，都屬於“筆”的範圍。若乃，至於。囿，園林，指文體範圍。

㊳原始句——原，察究也。論述各種文體的始末變遷的。

㊴釋名句——章，同彰，表明也。對各種文體下個定義，以彰明其性質。

㊵選文句——評論各種文體的主要作家及其代表作品。

㊶敷理句——統，法則，要領。陳述各種文體的要義以提出寫作要領。

㊷至於二句——割，應作剖。範圈，範圍。條貫，條理，系統。這兩句是説《文心雕龍》下半部分，是論創作的，除《時序》、《才略》、《知音》、《程器》、《序志》五篇外，其餘二十篇是剖析“情”和“采”兩大問題的。這兩大問題又是有條理地論述的。二十篇中屬於“剖情”者的有：《神思》、《體性》、《風骨》、《通變》、《定勢》、《養氣》六篇；屬於“析采”的有：《聲律》、《章句》、《麗辭》、《比興》、《夸飾》、《事類》、《練字》、《隱秀》、《指瑕》、《附會》、《總術》、《物色》十二篇；屬於“剖情”兼“析采”的有：《情采》、《鎔裁》兩篇。

㊸摛神性句——摛，陳述，寫作。神，指《神思》篇，論述創

作中的構思和想象的問題。性,指《體性》篇,論述作家的個性和作品風格的關係問題。

㊹圖風勢句——圖,描繪。風指《風骨》篇,描述作品的思想內容和優美的文辭給人的感染作用。勢,據郭晉稀說,不是指的《定勢》篇,是指的《養氣》篇,故"勢"為"氣"之誤,《養氣》篇是論述作家的血氣和志氣對創作關係的。

㊺苞會通句——苞同包,總括。會,指《附會》。通,指《通變》。句意為,概括了《附會》和《通變》。

㊻閱聲字句——閱,省察。聲字,指《聲律》、《練字》等十二篇。

㊼崇替二句——崇替,盛衰。《時序》篇是論述社會現實和文學盛衰關係的。褒貶,評論高低。《才略》篇是評論作家的天賦與創作的關係。這兩句是說從《時序》上看到文章的盛衰;在《才略》中褒貶歷代作家。

㊽怊悵二句——怊(chāo)悵,感慨。《知音》篇講文學批評的。耿介,正直,光明正大。《程器》篇是論述作家的修養正直與否與創作的關係。這兩句意思是在《知音》裏怊悵感嘆;在《程器》裏發抒感慨。

㊾長懷二句——馭,駕馭,統率。《序志》即《序志》篇。這兩句是說作者以深長的胸懷寫了此篇,作為總序,以統率全書。

㊿位理句——位理,按各篇的內容,排列前後位次。定名,確定各篇篇名。

㉛彰乎句——彰,顯明。大易,當作大衍,衍,演也,推演,引申。《易·繫辭上》:"大衍之數五十,其用四十有九。"大衍,為五十的代稱。這幾句的意思是,按照理論排列,確定篇名,

明顯地合乎《易經》的大衍之數，五十篇，其中説明文章功用的，只有四十九篇（加上"序志"一篇，共五十篇）。

夫銓序一文爲易，彌綸群言爲難㊾，雖復輕采毛髮，深極骨髓㊿；或有曲意密源，似近而遠，辭所不載，亦不勝數矣㊾。及其品列成文，有同乎舊談者，非雷同也，勢自不可異也㊾；有異乎前論者，非苟異也，理自不可同也㊾。同之與異，不屑古今，擘肌分理，唯務折衷㊾。按轡文雅之場，環絡藻繪之府，亦幾乎備矣㊾。但言不盡意，聖人所難㊾；識在缾管，何能矩矱㊾。茫茫往代，既沈予聞，眇眇來世，倘塵彼觀也㊾。

注釋

㊾夫銓二句——銓（quán），衡量輕重的器具，即評論。彌，滿，遍也。綸，條理。彌綸，綜合論述。彌綸群言，綜合評論各家言論。

㊿雖復二句——毛髮，細小問題。深極，深入窮盡。骨髓，重大問題。意思是雖然我也注意到毛髮樣的小問題，却探究到骨髓那樣深處。

㊾或有四句——或有，有些作品。曲意，意旨曲折不明。密源，源頭隱密。辭所不載，在本書裏沒有談到。四句意思是，有的作品用意曲折，根源隱密，看似淺近，實則深遠，本書裏沒有談到，多到無法記數。

㊾及其四句——意思是（本書）的評論歷代作品時，有的

與前人相同，並不是人云亦云，實在是不能不同。

(56)有異乎三句——意思是(本書)的評論有與前人不同的地方，不是隨便立異，按理是不能不異。

(57)同之與異四句——不屑，不顧，不計較。擘肌分理，擘(bò)，分析。肌，文章的形式。意思是説，這些評論不計較是古人的或是今人的，只是分析文章情理，做到恰當公允罷了。

(58)按轡三句——按轡與環珞意思相同。轡(pèi)，馬嚼子與繮繩。按轡，拉住轡頭，停留之意。絡，馬籠頭。文雅藻繪，皆指文學創作説的。這三句意思説在文學創作領域中，來來往往，談到的問題很多，主要的幾乎都涉及到了。

(59)但言不盡意二句——《易·繫辭上》："子曰：書不盡言，言不盡意。"《文心雕龍》中這二句上下文意不合，恐有誤。郭晋稀説"言不盡意"疑原為"言欲盡意"。

(60)識在缾管二句——矩矱(yuē)，尺度，法度。這兩句意思是自己學識淺薄，本書所論，不足以爲後人法度。

(61)茫茫往代四句——茫茫，久遠也。往代，已往的著作。沈，沈没。聞，知識見聞。眇眇，遼遠。塵，玷污，謙詞。彼，指後來人。這四句意思是，我沈没於久遠的往代著作中，作了探索，寫成了這本書，如果能流傳到遼遠的後世，後人能够看到它，這是我的希望。

贊曰(62)：生也有涯，無涯惟智(63)。逐物實難，憑性良易(64)。傲岸泉石，咀嚼文義(65)，文果載心，余心有寄(66)。

注釋

㉒贊——《頌讚篇》："讚者,明也,助也。"是古代文體之一,多以四言韻語爲之,常用於篇末,説明全篇大意。

㉓生也二句——語出《莊子·養生主》："吾生也有涯,而知也無涯。"知通智。意謂,生命短暫,知識無窮。

㉔逐物二句——逐,一一追求。物,事物,多指上句的"智"。憑,依靠,引申爲按照。性,這裏是性之所好之意。兩句意思是,用短暫的人生去追求無窮的外物(智),是很困難的,若憑着天性去做倒容易。

㉕傲岸二句——傲岸,本是高傲意思,這裏可引申爲離開世俗。咀嚼,這裏可引申爲玩味,研究。兩句意爲,我願意離開世俗,到山水之間去,研究些詩文,搞些著作。

㉖文果二句——文章真的能抒寫心意,我的心就有寄託了。

簡評

《序志》一文是全書的總序。該文開始先解釋書名,取"文心"和"雕龍"四字合稱書名,是兼顧文學作品的思想内容和文學形式兩大方面,包含着作家的運思和雕琢文辭兩個要求,這就準確地概括了劉勰的文學觀點。

《序志》的中心内容是説明寫此書的目的,一是留名後世,這是儒家的傳統想法。二是批判並挽救當時走上歧路的文風。三是指出魏晉以來論文章的著作中所存在的問題,劉作了全面論述,史的考察,彌補了他們的不足。

　　接下來論述他著作時所遵循的基本原則，全書的組織結構和篇次安排。全書分四部分，第一部分是"文之樞紐"，相當文章的綱領，共有《原道》等五篇；第二部分是文體論，共二十篇，前十篇是有韻文的論述，後十篇是無韻文的論述。一、二部分合起來二十五篇，稱爲上篇，上編或上部。第三部分是創作論，這部分是論述文思、風格、謀篇、修辭等創作問題的；第四部分是討論文學史觀、作家論、鑒賞論等問題的，三、四部分共二十四篇，加上《序志》，共二十五篇，稱爲下篇、下編或下部。

　　《序志》一文把《文心雕龍》的全貌作了系統而完整的介紹和論述，從中能看出他寫作《文心雕龍》的動機、目的和原則，也能瞭解全書的內容和立論的基礎。更重要的從該文中瞭解到劉勰的文藝觀點：文學爲政治服務，文學要有藝術性，重修飾，但又不能片面地追求形式的華美。我們要想研究《文心雕龍》的任何部分，任何問題，必須先研讀《序志》一文。

原 道①

文之爲德也大矣,與天地並生者何哉②?夫玄黃色雜,方圓體分③,日月疊璧,以垂麗天之象;山川煥綺,以鋪理地之形:此蓋道之文也④。仰觀吐曜,俯察含章,高卑定位,故兩儀既生矣⑤。惟人參之,性靈所鍾,是謂三才⑥。爲五行之秀,實天地之心⑦。心生而言立,言立而文明⑧,自然之道也。

注釋

①本篇是《文心雕龍》第一篇。"原",本作"源",水源也,爲窮究本原之意。"道",即自然之道,指宇宙本體,普遍規律。文字要有"文采",要"美"。美又分爲"自然美"和"人爲美",日、月、山、川爲"自然美",詩文爲"人爲美",而"人爲美"又來源於"自然美"。故本篇以"原道"爲題。

②文之二句——"文"文采也,指日、月、山、川等。因爲它是天地間的"文采"。德,功德也,指日、月、山、川在天地間是有很大功德的,如果沒有它們,就不成爲宇宙和世界了。第二句是說文采與天地一齊產生,即有了天地就有了文采。

③夫玄黃二句——玄黃,古人認爲天是深青色,地爲黃

色。語出《易·坤·文言》："夫玄黃者,天地之雜也,天玄而地黃。"古人又認爲天是圓的,地是方的。體分,天地之體分開了。體形不同也,指天圓地方說的。

④日月五句——疊,疊均爲叠的異體字,重復也。璧,圓形而中有孔的美玉。麗,附着也。麗天,指日月懸照於太空。《易·離》："日月麗乎天,百谷草木麗乎土。"理,是條理的意思。鋪,引申爲分佈,展開。道,這裏是自然間、宇宙間、天地間之意,也就是上文說的天、地、日、月、山、川。文,文采也。

⑤仰觀四句——曜,光明照耀也。吐曜,指天吐日月,指"天"。含章,含有文采也,指"地"。兩儀,天地也。

⑥惟人三句——惟,以也。參,參與也,加入也。"惟人參之",人參與(出現)天地之間。參,也有三的意思,即人以第三者身份出現在天地之間。之,指上文"兩儀",就是天地。三才,指天、地、人。

⑦爲五行二句——此二句是說人的。五行,指金、木、水、火、土五種物質。古人認爲世界皆由這五種物質配合而產生。秀,特異的英秀,即性靈所鍾之意。

⑧心生二句——心,有兩種不同的理解,一種指"人","心生而言立"是說人出現了便有人的語言。一種指心臟,生,指生動,感動,"心生而言立"是說心受了感動就發出言語來,即用文字表達出來。

傍及萬品,動植皆文⑨:龍鳳以藻繪呈瑞,虎豹以炳蔚凝姿⑩;雲霞雕色,有踰畫工之妙;草木賁華,無待錦匠之奇⑪。夫豈外飾,蓋自然耳。至於林籟結響,調如竽瑟⑫;泉石激韻,和若球鍠⑬:故形立則章成矣,聲發則文生矣⑭。夫以無識之物,鬱然有彩,有心之器,其無文歟⑮?

注釋

⑨傍及二句——傍,一作"旁",又與"旁"通。《說文》:"旁,溥也。""溥"通"普";"傍及",普及、推廣之意。品,物之種類也。"萬品"即萬物也。

⑩龍鳳二句——藻繪,皆文彩也。炳蔚,炳,鮮明而繁盛。這兩句是說,龍鳳因為鱗羽的華美而將出現祥瑞;虎豹因為毛色鮮明而顯得雄姿。

⑪草木二句——賁(bì)文飾也。華同花。《書·湯浩》:"賁若草木。"錦匠,織錦的女工。草木花開,不需要織錦工人手藝的神奇。

⑫至於二句——籟,從孔穴中發出的聲音。結,形成也。調,指聲音,謂聲音之美。竽,古簧管樂器,形似笙而稍大。(這一切不是外加裝飾,而是自然形成),像風吹樹木,其聲音諧和得像吹竽彈琴一樣。

⑬泉石二句——激,發也。和,指聲音的和諧。球,玉磬也。鍠,本為鐘聲,這裏指鐘。泉水擊石聲,像擊磬打鐘一樣。

⑭故形立二句——章,文采也。文,節奏也。這兩句是說:所以形體成立便會有文采,聲音發出就成為章節呵。

⑮夫以四句——夫,代詞,這。鬱然,茂盛地。無識之物,指上面說的動植物。有心之器,指人。前後兩句是對着說的:無思想的動植物尚有濃郁的色彩,而有思想的人類難道沒有

文華嗎！

　　人文之元,肇自太極,幽讚神明,《易》象惟先⑯。庖犧畫其始,仲尼翼其終⑰;而乾坤兩位,獨制《文言》。言之文也,天地之心哉⑱！若迺《河圖》孕乎八卦,《洛書》韞乎九疇⑲,玉版金鏤之實,丹文綠牒之華⑳,誰其尸之,亦神理而已㉑。

注釋

　　⑯人文四句——元,初,始也,肇(zhào,兆),開創也。太極,指遠古。天地未分之前,宇宙屬於混沌狀態。幽,本爲暗,這裏是"深入"的意思。讚,明也,闡明也。神明,神妙之理。象,卦象也,卦體也。惟,爲也,是也。"《易》象惟先":以《易經》卦象爲最先。

　　⑰庖羲二句——庖羲,即伏羲氏,一作宓羲、包犧、伏戲,又稱犧皇,皇羲。神話中人類的始祖,曾教人結網,從事漁獵畜牧。畫,指畫八卦。八卦,以"—"爲陽,以"--"爲陰,組成八種基本圖形,亦即八種自然現象,其名稱爲"乾(☰),象徵天;坤(☷),象徵地;震(☳),象徵雷;巽(☴),象徵風;坎(☵),象徵水;離(☲),象徵火;艮(☶),象徵山;兑(☱),象徵澤。其中以"乾"、"坤"兩卦爲最重要,爲萬事萬物的最初根源。仲尼,孔子的字。翼,即《易經》的《十翼》,相傳爲孔子所作。《十翼》即:《上象》、《下象》、《上象》、《下象》、《上繫》、《下繫》、《文言》、《説卦》、《序卦》、《雜卦》。其,指《易經》。因《十翼》之作,《易經》就完成了,故曰"翼其終"。

⑱而乾坤四句——《易經》有六十四卦，只有乾坤二卦有《文言》，是專解釋二卦的義理的，故曰"獨制文言"。言，語言也，謂乾坤兩卦下之言也。文，文飾也（指語言要有文采）。乾爲天，坤爲地，故"言（語言必須有文采）之文"爲"天地之心"。

⑲若迺二句——若迺，至於之意。據《漢書·五行志》說伏羲氏王天下之後，黃河中神龍賜之以圖，叫"河圖"。伏羲氏按照它畫成八卦。又說禹治洪水時，洛水中有神龜，賜之以書，禹按照它而作"洪範九疇"；"九疇"指各項治理天下之大法也。孕，孕育也。韞（yùn），包藏也。

⑳玉版二句——玉版金鏤，玉石板上刻着金字。丹文，紅色的花紋，即紅圖。牒，薄而小的簡。綠牒，綠色的竹簡，小的竹簡。此二句承上二句，"河圖"和"洛書"而言。

㉑誰其二句——誰其尸之，出於《詩經·召南·採蘋》，毛傳"尸，主也。"神理，神明的自然之理，即劉勰所說的"道"。此二句和上段"夫豈"二句同意。

　　自鳥迹代繩，文字始炳㉒，炎皞遺事，紀在《三墳》，而年世渺邈，聲采靡追㉓。唐虞文章，則煥乎始盛㉔。元首載歌，既發吟詠之志㉕；益稷陳謨，亦垂敷奏之風㉖。夏后氏興，業峻鴻績，九序惟歌，勳德彌縟㉗。逮及商周，文勝其質，《雅》《頌》所被，英華日新㉘。文王患憂，繇辭炳曜，符采復隱，精義堅深㉙。重以公旦多材，振其徽烈，剬詩緝頌，斧藻群言㉚。至夫子繼聖，獨秀前哲，鎔鈞《六經》，必金聲而玉振㉛；雕琢情性，組織辭令，木鐸起而千里應，席珍流而萬世響㉜,寫天地之輝光,曉生民之耳目矣㉝。

注釋

㉒自鳥迹二句——鳥迹指文字。據許慎《論文解字序》和《易經·繫辭》,太古之時以結繩紀事,後來黃帝史官蒼頡看見鳥獸足迹,因而啓發而製造文字,取代了結繩紀事。炳,顯著也。

㉓炎皞四句——炎,即炎帝,即神農氏。皞(hào耗),即太白皐,即伏羲氏。三墳,記述伏羲神農黃帝時代事迹的書名。説法不一,按孔安國《尚書序》云:"伏羲、神農、黃帝之書,謂之'三墳',言大道也。"渺邈,久遠之意。聲采,指《三墳》文章的音調和辭采。靡,無法,不能也。

㉔唐虞二句——唐,陶唐氏(居於平陽,今山西省臨汾),遠古部落名,堯爲其領袖。虞,有虞氏(居於蒲阪,今山西省永濟一帶),遠古部落名,舜爲其首領。《論語·泰伯》:"子曰,大哉堯之爲君也,……煥乎其有文章。"煥,光輝燦爛也。

㉕元首二句——元首,指舜。載,爲也,成也。其歌見《尚書·益稷》篇:"帝乃歌曰:'股肱喜哉!元首起哉!百工熙哉!'"

㉖益稷二句——益,指伯益,是舜臣,善於畜牧和狩獵,後又助舜治水而有功,爲啓所殺。稷,指后稷,曾爲堯舜時的農官。謨,謀略也,計謀也。敷,陳也。奏,進也。敷奏,指下級將自己的意見陳述出來以呈進上級。

㉗夏后四句——據黃侃《文心雕龍札記》:"業"和"績"都是"功"之意;"峻"和"鴻"都是"大"的意思。九序,謂金、木、水、火、土、穀、正德、利用、厚生等九項治理天下的政事都有秩

序。惟,是也,宜也。彌,很也,更加也。縟,繁盛也。

㉘逮及四句——文,文采也,指語言辭藻比較注重文采。質,本質也,指作品内容而言。雅頌,參看《明詩》篇注⑬。被,譜爲樂歌也。英華,即精華,指作品的美好精粹。日新,謂比堯、舜、禹時代而新異也。

㉙文王四句——文王,即周文王,商末周族領袖。姬姓,名昌,商紂時爲西伯。患憂,指文王曾被紂囚禁於羑里(今河南湯陰縣)。繇(zhòu)辭(占卜的文辭),指《易經》中的《卦辭》和《辭》。據孔穎達《周易正義序》説,都爲文王所作。符采,本指玉的横文,這裏指的是繇辭之美。復,回轉曲折也。復隱,指語言富含蓄性。

㉚重以四句——公旦,即周公。姬姓,名旦。周文王之子,武王之弟,因采邑於周(今陝西岐山縣),故稱周公。振,發揚也。其,代文王。徽,美好也。烈,功績也,功業也。剬,古"制"字。緝,與輯通,編輯也,連綴也。制與輯,都是著作之意。相傳《詩經·豳風》中的《七月》、《鴟鴞》和《周頌》中的《時邁》等篇爲周公所作。斧,這裏是砍削之意,引申爲修飾。斧藻,就是加以修飾之意。群言,指其他許多著作。

㉛至夫子四句——夫子,即孔子,一般稱他爲孔夫子,"夫子"原爲敬稱,或稱師長爲夫子。秀,才能突出。鎔,鑄器的模型。鈞,製陶器的轉輪。鎔鈞,引申爲修訂、整理之意。六經,即《詩經》、《書》、《易》、《禮》、《樂》、《春秋》。金聲玉振,出自《孟子·萬章下》:"孔子之謂集大成;集大成也者,金聲而玉振之也。"金聲,指鐘,玉聲,指磬。鐘和磬是集音樂的大成,因而用來比孔子是集"前哲"之大成。

㉜雕琢四句——《論語·八佾》:"天將以夫子爲木鐸。"

鐸,大鈴也。木鐸,是木舌的大鈴,古代宣布政令時搖動發聲,用來集合民衆。這裏是把它比作孔子,來教化世人。席珍,《禮記·儒行》:"孔子曰,儒有席上之珍以待聘。"這是說世人懷有才學,如同席上之有珍品,以等待聘用。這四句是說孔子的著述,其思想感情和語言技巧,如木鐸一樣教化着世人,如席上珍品一樣流傳下來爲人所喜愛並長期響應。

㉝寫天地二句——這兩句是說孔子的著作寫出了天地間最光輝燦爛的東西,可以使千秋萬代的人耳聰目明。

爰自風姓,暨於孔氏,〔玄〕元聖創典,素王述訓㉞,莫不原道心以敷章,研神理而設教㉟,取象乎河洛,問數乎蓍龜,觀天文以極變,察人文以成化㊱;然後能經緯區宇,彌綸彝憲,發揮事業,彪炳辭義㊲。故知道沿聖以垂文,聖因文而明道,旁通而無滯,日用而不匱㊳。《易》曰:"鼓天下之動者存乎辭。"辭之所以能鼓天下者,迺道之文也。

注釋

㉞爰自四句——爰,於是。風姓,指伏犧氏。暨,及也,到也。遠古聖人,指神農、伏犧、黃帝。創典,創建典章、法度。素王,古稱有王德而無王位的人爲素王,這裏指孔子。素,空虛也。述訓,追述前人的教訓。前人,指前代的聖君(伏犧、神農、文王、周公等)。

㉟莫不二句——原,本原也,這裏作根據講。道心,即宇宙間的規律。敷章,鋪陳典章(典則)。這兩句是說前聖先賢

《文心雕龍》選講

没有不是根據自然規律來創建典則的,也没有不是研究了神明的道理來設置教化的。神理,即道心,自然規律。

㊱取象四句——象,法式也。河洛,即河圖和洛書。數,古唯心主義者以命運爲氣數,奇數爲兇,偶數爲吉。蓍龜,蓍(shī),草名;龜,龜甲,都是古人用來占卜吉兇的。《周易》就是占卜的書。這四句是説,古聖賢創建文明,是取法於河圖洛書,決疑於蓍龜的,並觀察了天文以窮究其更變,考察了人文以完成教化。

㊲然後四句——經緯,治理也。區宇,天下也。彌綸,彌,彌縫;綸,牽引也。彌綸,即統攝,整頓,作"網絡"講也可。彝憲,常法也。這四句是説,接着就可以很好地來治理天下,製訂出規章制度,使各項事業,文化學術得以發揚光大。

㊳故知四句——沿,因也,依也。滯,阻塞也。匱,貧乏也。這四句是説,從而知道,宇宙間的道是依靠聖人把它寫在文字之中的,聖人又是利用文字來闡明宇宙間之道的。聖人用文字所闡明的道,因爲是真理,故放之四海而皆準,取之不盡,用之不竭。

贊曰:道心惟微,神理設教㊴。光采玄聖,炳燿仁孝。龍圖獻體,龜書呈貌㊵。天文斯觀,民胥以傚㊶。

注釋

㊴贊曰兩句——贊,常用在一篇文章的末尾,來總結全文大意。相當於今天的"總而言之"。惟,句首語氣詞。微,微妙。設教,設置教令。

㊵龍圖兩句——龍圖，即"河圖"，相傳"龍馬負圖"，所以叫"龍圖"。龜書，即"洛書"，相傳"神龜負書"，所以叫"龜書"。兩句意思是：龍馬獻出的圖形是畫八卦的草圖，神龜呈現出的書辭是作九疇的典則。

㊶天文兩句——胥，都，也可理解為"相"（互相）的意思。斯，虛詞，無義。兩句是：聖人觀天文而作文章，人們便依據聖教而相互傚法。

簡評

本篇共分為三部分：第一部分講自然之道；第二部分講人類文化的發展；第三部分講自然之道和儒家聖人的關係。其主旨是要說明天地萬物自然有文的規律，不是講文學的起源和源泉的。從文字上看是談的"文理"、"文采"，涉及到美的範疇，把美分為"人為美"和"自然美"，"人為美"原本於"自然美"。全書以此為立足點，認為文學應反映現實，文學的發展與時代相推移，作品的內容決定形式，文學應在真實的基礎上加以誇張，提出了許多有益觀點。但是他把文學的產生與自然現象混同起來是錯誤的，用"河圖"和"洛書"來解釋"人文之原"的情況也是錯誤的。至於談到"河圖"、"洛書"等，越來越說不清楚，只得歸為神理，也只有神理纔可以說教，這就墮入了儒家唯心論的泥坑。

辨騷①

　　自風雅寢聲,莫或抽緒,奇文鬱起,其《離騷》哉②!固已軒翥詩人之後,奮飛辭家之前,豈去聖之未遠,而楚人之多才乎③!昔漢武愛《騷》,而淮南作傳,以爲:"《國風》好色而不淫,《小雅》怨誹而不亂,若《離騷》者,可謂兼之④。蟬蛻穢濁之中⑤,浮遊塵埃之外,皭然涅而不緇,雖與日月爭光可也。"⑥班固以爲:"露才揚己,忿懟沉江⑦;羿澆二姚,與左氏不合⑧,崑崙懸圃,非經義所載。然其文辭麗雅,爲詞賦之宗,雖非明哲,可謂妙才。"⑨王逸以爲:"詩人提耳,屈原婉順。《離騷》之文,依經立義⑩,駟虯乘鷖,則時乘六龍⑪;崑崙流沙,則《禹貢》敷土⑫。名儒辭賦,莫不擬其儀表,所謂金相玉質,百世無匹者也。"⑬及漢宣嗟嘆,以爲皆合經術⑭;揚雄諷味,亦言體同《詩·雅》⑮。四家舉以方經⑯,而孟堅謂不合傳,褒貶任聲,抑揚過實,可謂鑒而弗精,翫而未覈者也⑰。

注釋

①《辨騷》爲原書第五篇。漢人劉安、班固、王逸、劉勰、揚雄對屈原作品都有論述，見解不同，却均有獨到之處。《辨騷》是對前人的論述所作的綜合分析。"騷"指屈原的代表作《離騷》。本文的主旨就是辨析屈原作品的成就與局限。

②自《風》三句——"寢"是停頓的意思，第一句意思是自國風、小雅、大雅的歌聲停息以來。"莫或"是沒有的意思。"抽緒"是"引申餘論"的意思。第二句意思是沒有繼承和發展《詩經》創意的書了。"鬱起"是茂盛生長的意思。第三句意思是奇偉文章的興起，就是《離騷》。

③固已四句——"軒翥(zhù)"是高飛的意思。"詩人"指詩三百篇的作者。第一句意思是屈原既高翔於詩三百篇的作者之後。"辭家"指漢代辭賦作家。第二句意思是又奮飛在漢代辭賦家之前。"聖"指孔子。"楚人"指楚國的屈原。"豈……乎"——"難道不是……嗎"。本句意思是是難道不是由於這時距離孔聖人的時代不遠，而楚人屈原又多才多藝嗎？

④昔漢武五句——第一句意思是指漢武帝劉徹喜愛《離騷》。第二句意思是指淮南王劉安寫了傳文。"傳"是"解釋大意"。下文是引文(劉安的傳)。第三句意思是指《詩經》十五國風裏，有不少情詩，但沒有淫亂的作品。第四句意思是指《詩經》的小雅裏，有許多諷刺詩，但沒有想叛亂的詩。第五句意思是，像《離騷》這樣的作品，可以説兼有二者之美。

⑤蟬蜕句——"蜕(tuì)"是"脱皮"。

⑥皭(jiào)是白净貌。涅(niè)是一種叫礬石的顏料。淄(zī)是黑色。句意是，好似蟬一樣，雖然脱殼於污穢的水土之中，却浮游在混濁的塵埃以外，作者内心潔白，即使染了礬

石也不會變黑,真可以與日月爭光輝呀。

⑦班固句——班固,是漢代大史學家,字孟堅。下面所引班固論《離騷》的話,是概括班固《離騷序》的大意,並非原文。"忿懟(duì)"是忿恨的意思。"沉江"指屈原於公元前277年投汨羅江死。句意是,班固認爲屈原炫耀才華,表現自己,以致滿懷憤恨投水自殺。

⑧"羿、澆"是夏代人名。"二姚"指有虞國兩個姓姚的女子。在《離騷》中有"羿淫游以佚畋兮,又好射夫封狐……澆身被服強圉(yǔ,牢獄)兮,縱欲而不忍"。又有"及少康之未家兮,留有虞之二姚"。句意是,《離騷》中寫羿、澆、二姚等人與《左傳》不相符。

⑨崑崙二句——"崑崙懸圃"指神話中兩個地名。在《離騷》中有"邅(zhān,轉換方向)吾道夫崑崙兮,路修遠以周流"。又有"朝發軔於蒼梧兮,夕余至乎縣圃。"句意是這兩件事在六經中也沒有記載;但是它的文辭華麗雅潔,開漢代辭賦的先河;屈原雖然不是明哲的聖人,卻是富有才華的作家。

⑩王逸句——王逸是漢代文學家兼訓詁家,字叔師,作《楚辭章句》,下面引文只是取其大意。"耳提"出自《詩·大雅·抑》中,"匪面命之,言提其耳"。意思是當着面,提着他的耳朵告訴他。"婉順"是順着人的感情,委婉地勸導人。句意是,王逸認爲,詩人提着人們的耳朵給人以諄諄教誨,屈原則順從人意去委婉勸導,《離騷》的內容,也是依據六經來立意的。

⑪駟虯二句——"虯(qiú)"是傳說中的一種龍。"駟虯"就是"駕着四匹虯龍"。"鷖(yī)"是鳳凰,見《離騷》中的"駟玉虯以乘鷖兮,溘埃風余上征"。"時乘六龍"見《易·乾·象

辭》中"時乘六龍,以御天"。句意是說《離騷》中的"駟虬乘鷖"就和《易經》中的"時乘六龍"的意思一樣。

⑫崑崙二句——崑崙,流沙,都是地名,既見於《離騷》中"邅吾道夫崑崙兮","忽吾行此流沙兮",又見於《尚書·禹貢》中"崑崙析支渠搜","餘波入於流沙"。《禹貢》敷土:《禹貢》是《尚書》中的篇名,"敷"是分布治理,"土"指當時九州之地。句意是《離騷》中寫的游崑崙,過流沙就和《尚書·禹貢》說的大禹分治九州同義。

⑬名儒四句——"名儒"是著名的學者。"擬"是模仿、倣法。儀表是"法則、標準、榜樣"的意思。"金相玉質"是金玉的品質。相,質也。無匹,沒有匹敵。句意是:漢代著名的學者所寫的辭賦,沒有不以離騷為準則來模擬的,它那金玉的品質,是百代以來沒有能比得上的。

⑭及漢宣句——本句意思是漢宣帝劉詢贊賞它,認為它完全符合經傳。

⑮揚雄二句——揚雄,漢代辭賦作家,字子雲。諷味是詠嘆的意思。句意是揚雄也稱贊它,說它的體制合於《詩經》的雅。

⑯四家句——"四家"指劉安、王逸、劉詢、揚雄。舉,全都。句意是上面四家都把《離騷》比作經書。

⑰而孟堅五句——孟堅,班固的字。任聲,隨意談論。鑒,鑒賞。翫,玩味。覈(hé),核實。句意是班孟堅卻說《離騷》不合《經傳》,隨意褒貶,過分抑揚,可以說鑒定不夠精當,玩味不夠屬實。

　　將覈其論,必徵言焉⑱。故其陳堯舜之耿介,稱禹湯之祗敬,典誥之體也⑲;譏桀紂之猖披,傷羿澆之顛隕,規諷之旨也;虬龍以喻君子,雲蜺以譬讒邪,比興之義也⑳;每一顧而掩涕,嘆君門之九重,忠怨之辭也;觀茲四事,同於《風》《雅》者也㉑。至於託雲龍,說迂怪,豐隆求宓妃,鴆鳥媒娀女,詭異之辭也㉒;康回傾地,夷羿彈［斃］日,木夫九首,土伯三目,譎怪之談也㉓;依彭咸之遺則,從子胥以自適,狷狹之志也㉔;士女雜坐,亂而不分,指以爲樂㉕,娛酒不廢,沉湎日夜,舉以爲懽,荒淫之意也:摘此四事,異乎經典者也㉖。

注釋

⑱將覈二句——"其論"指代上述各家的論述。"覈"是證明的意思,"言"指屈原的作品。句意是要考核前人的論述,必須用屈原自己的作品來證明。

⑲故其三句——第一句中"其"代屈原。"耿介",光明正大。見《離騷》中"彼堯舜之耿介兮。"句意是屈原所以陳說堯舜的光明正大。第二句中儼(yǎn),莊重貌。"只敬"就是恭敬。見《離騷》中"湯禹儼而只敬兮,周論道而莫差"。句意是稱道湯、禹的莊重敬業精神。第三句中"典"指《堯典》、《舜典》。"誥"指《大誥》、《酒誥》。"體"指體制。句意是這裏是傚法典、誥的體制。

⑳譏桀六句——第一句中"猖披",衣帶不整齊,就是行爲不檢點的意思。見《離騷》中"何桀、紂之猖披兮"。句意是譏刺桀、紂的行爲放肆。第二句中"顛"是顛倒。"隕(yǔn)"是墜落。見《離騷》中"羿淫游以佚畋兮,又好射夫封狐;固亂流其

鮮終兮,泥又貪夫厥家。澆身被服强圉兮,縱欲而不忍,日康娛而自忘兮,厥首用夫顛隕。"句意是悲傷羿、澆的顛沛亡身。(這是規勸諷諫的意思)。第四、五句中"雲蜺(ní 同霓)"是惡氣,喻佞人。見《離騷》中"帥雲蜺而來御"。句意是用"虬龍"來比喻好人,用"雲蜺"來比喻壞人。第六句中"比興"是《詩經》中"以此物比彼物"和"先言他物以引起所詠之辭"的創作方法。句意是這就是沿用《詩經》比興的手法。

㉑每一四句——第一句中見《離騷》中"長太息以掩涕兮"。句意是每當顧念到楚國的興亡就掩泣流涕。第二句中見《離騷》中"君之門以九重"。"九重"形容距離遠,阻塞多。句意是哀嘆與懷王之間隔着九重的距離,這就是忠誠怨恨的語言。第三四句意是,觀看上述四樁事情是稱贊《離騷》與《風》、《雅》相同的。

㉒至於五句——"托雲龍"見《離騷》中"駕八龍之婉婉兮,載雲旗之委蛇"。"迂怪"是迂遠怪異不切實際的話。"豐隆"是神話中的雷師。"宓(fū)妃"是神話中的神女。見《離騷》中"吾令豐隆乘雲兮,求宓妃之所在。""鴆(zhèn)"是一種羽毛有毒的鳥。"娀(sōng)女"是有娀國的女子。見《離騷》中"望瑤臺之偃蹇兮,見有娀之佚女;吾令鴆爲媒兮,鴆告余以不好"。句意是,至於作品中假託駕八龍,載雲旗,説些誇大奇異的事,像命令豐隆去追求神女宓妃,請求鴆鳥到有娀國去説親,這都只是些詭怪奇異的話。

㉓康回五句——"康回"是共工氏的名字。神話中有共工氏怒,觸不周山,使地柱折斷,所以地面向東南傾斜。見《天問》中"康回憑怒,地何故以東南傾?""夷"在《説文》中從大從弓,是人帶弓的意思。"夷羿"是射手后羿。彃(bì),射也。傳

說中有"堯時十日並出,羿射落九日"。見《天問》中"羿焉彈日"。"木夫"就是拔木的人,見《招魂》中"一夫九首,拔木九千些"。句意是拔木力士有九個頭。"土伯"就是主土地之神。見《招魂》中"土伯九約,其角觺觺(yí,同疑,角銳利貌)些⋯⋯參目虎首,其身若牛些。"句意是土地神生三只眼。"譎(jué)怪"是詭詐奇怪的意思。句意是,又說共工康回觸倒了地柱,射手后羿射落了九日,拔木力士有九個頭,土地之神生三只眼,也都是些神奇怪誕的話。

㉔依彭三句——第一句中"彭咸"是殷代的賢大夫,諫其君不聽,投水而死。"則"是法則。見《離騷》中"願依彭咸之遺則。"句意是情願倣法彭咸投水而死。第二句中"子胥"是伍員的字,諫吳王夫差,夫差賜子胥劍,令自殺。"適"是適從的意思。見《桔頌》中"從子胥而自適"。句意是甘願跟從子胥去死。第三句中"狷(juàn)狹"是"性情褊(biǎn)窄"。句意是那其實是氣量狹小的表現。

㉕士女二句——"士"指男子,見《招魂》中"士女雜坐,亂而不分"。句意是,把男女雜亂地坐在一起當作樂趣。

㉖娛酒四句——第一、二句中"廢"是停止;"沉湎"是沈溺於酒。見《招魂》中"娛酒不廢,沈日夜些"。句意是把日夜不停地飲酒當作快樂。第三、四句中"舉以爲懽"與上文"指以爲樂"互文見義。句意是列舉這些事例並把它當作歡樂,這都是荒淫無度的意思。摘引這四樁事情,就與經典不合了。

故論其典誥則如彼,語其夸誕則如此。固知《楚辭》者,體〔慢〕憲於三代,而風〔雅〕雜於戰國,乃《雅》

《頌》之博徒,而詞賦之英傑也㉗。觀其骨鯁所樹,肌膚所附,雖取鎔經意,亦自鑄偉辭㉘。故《騷經》《九章》,朗麗以哀志㉙;《九歌》《九辯》,綺靡以傷情㉚;《遠游》《天問》,瓌詭而〔惠〕慧巧㉛;《招魂》〔《招隱》〕《大招》,耀艷而深華㉜;《卜居》標放言之志〔致〕,《漁父》寄獨往之才㉝。故能氣往轢古,辭來切今,驚采絕艷,難與並能矣㉞。

注釋

㉗故論其七句——第一、二句中"典誥"是經典的體制。"夸誕"是夸大怪異的言辭。"彼"指代前邊的四樁事。"此"指代後邊的四樁事。句意是論述"楚辭"合乎經傳有前邊所引的四樁事,談說它違背經傳又有後邊所述的四樁事。第三、四、五句中"體憲":"體"是"體式";"憲"是"傚法"。"風"是"風骨",指作品中所體現的激情。句意是:因此說,屈原的《楚辭》既傚法了三代詩歌的體式,又糅合了戰國時代的感情。第六、七句中,"博徒"是"博弈之流"。句意是在"雅"、"頌"中只是博弈之徒,在辭賦中却是杰出之作。

㉘觀其四句——"骨鯁"指撐住身體的骨骼,喻作品的中心題材。"骨鯁所樹"就是樹立中心題材。"肌膚"指依附骨骼的氣血。喻作品的文藻辭采。"肌膚所附"就是鋪排文藻辭采。"取鎔"是吸取鎔化。"自鑄"是自己鑄造。"瑋",珍奇。句意是:看看屈原作品樹立中心題材,排比的文藻辭采,既鎔化了經典的內容,又創造了獨特的珍奇的文辭。

㉙故《騷經》句——朗,明朗。麗,華麗。哀,哀怨。志,意

志。句意是《騷經》、《九章》用明朗華麗的文辭表達哀怨的意志。

㉚《九歌》句——"綺靡"是漂亮柔和。"傷情"是悲涼的情懷。句意是,用《九歌》、《九辯》漂亮而柔和的語言抒發悲傷的情懷。

㉛《遠遊》句——"瓌(guī)",奇特。詭,怪異。慧,靈活。句意是《遠遊》、《天問》的表現手法既奇特怪異,又靈活精巧。

㉜《招魂》二句——"艷耀",色彩鮮艷奪目。"采華",文采華美。句意是《招魂》、《大招》的辭藻既鮮艷奪目,又文采華美。

㉝《卜居》句——第一句中"放言"是"不再談論世務"的意思。志,意向。句意是《卜居》標榜着不問世務的意向。第二句中"獨往"是"離開社會隱居"的意思。才,才情。句意是《漁夫》寄託了避世隱居的才情。

㉞故能四句——轢(lì)是"輾壓"的意思。"切"是適合的意思。句意是所以說屈原的作品,意氣所向,前無古人,文辭之采,獨開新路,真是文采驚人,艷麗絕世,其他作品很難和它相提並論呀!

　　自《九懷》以下,遽躡其跡,而屈宋逸步,莫之能追㉟。故其叙情怨,則鬱伊而易感㊱;述離居,則愴怏而難懷㊲;論山水,則循聲而得貌;言節候,則披文而見時㊳。是以枚賈追風以入麗,馬揚沿波而得奇,其衣被詞人,非一代也㊴。故才高者苑其鴻裁,中巧者獵其艷辭㊵,吟諷者銜其山川,童蒙者拾其香草㊶。

若能憑軾以倚《雅》《頌》㊷,懸轡以馭楚篇㊸,酌奇而不失其〔真〕貞,翫華而不墜其實㊹,則顧盼可以驅辭力㊺,欬唾可以窮文致㊻,亦不復乞靈於長卿,假寵於子淵矣㊼。

注釋

㉟自《九懷》以下四句——第一句中按《楚辭》篇目次第,《九懷》以前,除《招隱士》外,均爲屈、宋作品。《九懷》以後,除《大招》外,無屈、宋作品。第二句中,遽,急也。遽躡(niè)是追隨的意思。其,代屈、宋。句意是,漢代的辭賦家都緊緊地追隨屈、宋的足跡。第三、四句中,"屈、宋"指屈原、宋玉。"逸步"是奔走絕塵的步子。"莫之能追",提賓句,即莫能追之。句意是:屈原、宋玉奔走絕塵的步子,沒有人能追上他們。

㊱故其二句——"鬱伊"是鬱抑的意思。句意是屈原、宋玉的作品,抒寫其哀怨的情懷,憂鬱而容易動人。

㊲述離二句——"愴怏(yàng)"是情緒蒼涼的意思。句意是敘述對故國的思念,情緒蒼涼而心裏難受。

㊳論山水四句——第一、二句中"循聲"是依從聲調。句意是描繪山水,依從聲調可以見其真貌。第三、四句中"披文"是開卷看書。句意是談論節氣,閱覽文字可以看到時令。

㊴是以四句——前兩句中"枚、賈"是漢代大辭賦家枚乘和賈誼。"追風"是追逐屈宋的文風。"馬、揚"是漢代大辭賦家司馬相如和揚雄。"沿流"是順着文學發展的潮流。句意是枚、賈追隨這種文風走向了華麗;馬、揚順着這種潮流達到了奇偉。後兩句中"衣被",名詞作動詞用,送衣送被,可引申爲

"影響"。"詞人"是指辭賦家。句意是屈宋對辭賦家的影響，並不止一代呀。

㊵故才二句——菀（wǎn），醞釀的意思，這裏有模仿、傚法意。"鴻裁"，指鴻篇巨作。"中巧者"是心靈精巧的作家。"艷辭"是艷麗的辭藻。句意是，才能極高的人，傚法他們的鴻偉布局；心靈精巧的人，獵取他們艷麗的詞藻。

㊶吟諷者二句——"吟諷者"是吟詩諷頌的人。"銜"是含在口中玩味。"童蒙者"是初學寫作的人。句意是吟誦的詩人愛好他們的模山範水，初學寫作的人拾取他們的花草字眼。

㊷若能句——"軾（shì）"是"車箱前扶手橫木"，古人立乘，扶軾表示敬意或傾聽，或注視。句意是如果作家創作時能依據《雅》、《頌》，就像登車扶軾一樣（站得高，望得遠）。

㊸懸轡句——"懸"指懸掛在馬背上的脚蹬。"轡"是馬繮繩。騎馬時登着脚蹬，手持繮繩，行動自如。句意是習作時能够駕馭屈宋的楚騷，就像乘馬時蹬上脚蹬手持繮繩一樣（行動自如）。

㊹酌奇二句——酌，斟酌。貞，正也。與"奇"相對。玩，玩味。"華"與"實"相對。句意是斟酌它的奇誕而不失去雅正，玩味它的華辭而不忘記求實。

㊺則顧盼句——"辭力"是"文辭氣力"，參見《通變》中"文辭氣力，通變則久"。句意是一顧一盼就可以驅遣文辭氣力。

㊻欬唾可以句——"欬唾"有噴成玉珠的意思。參見莊子《秋水》中"子不見夫唾者乎，噴則大者如珠，小者如霧"。"文致"是文情雅致。句意是一咳一唾可以使文情雅致到極點。

㊼亦不復二句——"長卿"，司馬相如的字。"子淵"，漢代辭賦家王褒的字。"於"，這裏當"向"字講。句意是，也不必再

向長卿乞靈巧,向子淵求寵愛了。

贊曰:不有屈原,豈見《離騷》[48]?驚才風逸,壯志煙高[49]。山川無極,情理實勞[50]。金相玉式,艷溢錙毫[51]。

注釋

[48] 不用二句——"豈",哪裏。句意是,没有屈原,哪裏能見到《離騷》。

[49] 驚才二句——"風逸"是"像風一樣飛奔"。句意是,他的驚人的才華像風馳電掣一樣,凌雲的壯志高入雲霄。

[50] 山川二句——"無極"是無邊無際。"情理"指抒情説理。句意是他的思想深遠,像高山大川無邊無際。在抒情説理的寫作中實在費了苦心的思考。

[51] 金相二句——"相",質也。"式",法式也。"錙",重量的最小單位。"毫"是"毫毛"。句意是《離騷》以金爲品質,以玉爲法式,每一個細小的字句都洋溢着艷麗的文采。

簡評

本篇是歷史上評價屈原作品的重要論文之一。作者首先對前人的論述作了總結式的分析評價。接着依據屈原自己的作品加以覈實,並作了比較詳細的、具體的論述和點評。他充分肯定了屈原作品在思想内容和藝術創作方面對經傳的繼承和發展,並開了漢代辭賦的先河,又尋章摘句提出了自認爲有違背經傳"迂怪"、"荒誕"的缺點。

　　劉勰認爲一切文學作品都是從經傳演變而來的，《離騷》和《詩經》也是一脈相承的，但又分析了二者之間的四同四異。四同之中，大都是就思想内容來說的：一是"典誥之體"，因爲歌頌了堯、舜、湯、武；二是"規諷之旨"，因爲諷刺了桀、紂、羿、澆；三是"忠怨之辭"，因爲抒發了忠君愛國的感情；四是"比興之義"，因爲用虬、龍、雲、蜺作比喻。這一點屬表現手法。四異之中，多半指表現手法：一是"詭異之辭"，見之於求宓妃，媒娀女的傳說；二是"譎怪之談"，見之於康回、后羿、木夫、土伯的神話；三是"狷狹之志"，見之於彭咸投水，子胥自刎；四是"荒淫之意"，見之於男女歡娛、飲酒作樂無度。這後兩項也涉及思想内容。從歷史發展的觀點來看，我們不難看出作者在思想認識方面有極大的局限性，他以"宗經"、"徵聖"爲立足點，摘引證據，以是否合於經傳爲標準，對内容加以分析就不够科學。我們也不難看出作者對藝術創作的看法也有不恰當的地方，他拘泥於經傳，認爲借用神話傳說，寄託主觀感受進行藝術夸飾，體現自己的理想和激情，表達反抗邪惡不惜一死的決心，就有違背經傳，酌奇失正，翫華墜實之嫌，這就令人不敢苟同。

　　總觀全文，作者並没有以偏概全，還是充分肯定了屈原在藝術創作上的才華，讚揚了屈原作品既"取鎔經旨"又"自鑄瑋辭"的精彩絶艷的文采。最後，又高度評價了楚騷在文學史上的成就和對後代文學創作的巨大影響,對讀者理解屈原作品有一定程度的幫助。

明 詩①

　　大舜云："詩言志,歌永言。"聖謨所析,義已明矣②。是以"在心爲志,發言爲詩",舒文載實,其在茲乎③?詩者,持也,持人情性④;三百之蔽,義歸"無邪",持之爲訓,有符焉爾⑤。

注釋

①《明詩》是原書的第六篇。明,辨明也。就是對詩的一些問題加以辨明,具體地說明詩體源流和詩歌發生發展的規律。這是《文心雕龍》前半部分"文體論"中的重要而精彩的一篇,可以說是篇"詩史"。

②大舜五句——大舜,即虞舜,因下面所引證的兩句話出於《尚書·舜典》,故第一句這樣說。永,長也,即拉長聲音吟唱。聖謨,指《舜典》,謨,謀略也。聖謨,就是聖訓。析,解析也,指對詩的解釋。義,意義也,意思也。指詩的意義。"詩言志",詩是表達情志的。"歌永言",把詩拉長它的音節,唱出來的歌。

③是以四句——"在心"二句出自《詩·大序》。舒,展開也,陳述也。"舒文"就是"鋪張文采"之意。實,志也。"載實"

就是把詩人的意志寫出來，就是"詩言志"。其，語氣詞，大概也，恐怕也。兹，這裏，指"詩"。這四句是説，在心裏的叫情志，用語言表達出來的叫詩，文辭表達情志，詩的意義就在這裏。

④詩者二句——持，詩也。"持"、"詩"在古韻裏同韻，同韻相解爲"聲訓"，"持人性情"就是維持（或約束）人的性情，使之歸於正道。

⑤三百四句——《論語·爲政》篇："子曰：《詩》三百，一言以蔽之，曰：'思無邪'。"後世因而稱《詩經》爲《三百篇》，也簡稱爲"詩"。蔽，概括也。"思無邪"原爲《詩經·魯頌·駉》篇中的一句話。"思"字本是語助詞，無義。"無邪"是説爲魯僖公養馬的人很專心。孔子用這句話概括《詩經》的全部内容，認爲思想端正而不邪惡。這就給《詩經》蒙上了一層儒教面紗。之，代詞，代"持"字。訓，解釋。符，符合也。焉，代詞，代孔子的話。爾，語氣詞，表示判斷。後兩句是説扶持端正的解釋是符合孔子的意思的。

　　人禀七情，應物斯感⑥，感物吟志，莫非自然。昔葛天〔氏〕樂辭〔云〕，《玄鳥》在曲⑦；黄帝《雲門》，理不空〔綺〕絃⑧。至堯有《大唐》之歌，舜造《南風》之詩，觀其二文，辭達而已⑨。及大禹成功，九序惟歌⑩；太康敗德，五子咸怨⑪；順美匡惡，其來久矣⑫。自商暨周，《雅》《頌》圓備，四始彪炳，六義環深⑬。子夏監絢素之章，子貢悟琢磨之句，故商賜二子，可與言詩⑭。自王澤殄竭，風人輟采⑮；春秋觀志，諷誦舊章，酬酢以爲賓榮,吐納而成身文⑯。逮楚國諷怨,則《離騷》爲刺⑰。秦皇滅典,亦造仙詩⑱。

注釋

⑥人禀二句——七情,儒、佛兩家説法不一,這裏指儒家所説的喜、怒、哀、懼、愛、惡、欲七種情感。應,受也。斯,就也,則也。意思是説,人有七情,受到外物刺激就有感應。

⑦昔葛天二句——葛天,即葛天氏,傳説中的古帝王名。即"葛天樂辭"。玄鳥,是葛天氏八篇樂曲之一。《吕氏春秋·仲夏紀·古樂篇》:"昔葛天氏之樂,三人摻(shǎn)牛尾投足以歌八闋:一曰載民,二曰玄鳥,三曰遂草木,四曰奮五穀,五曰敬天常,六曰達帝功,七曰依地德,八曰總禽獸之極。"

⑧黄帝二句——黄帝,傳説姬姓,號軒轅氏、有熊氏,曾率領中原各部落打敗炎帝,擊殺蚩尤,從而由部落領袖被擁戴爲部落聯盟的領袖。雲門,黄帝時樂曲名,言其德如雲,廣被一切之意。《周禮·春官·大司樂》:以樂舞教國子,舞"雲門"、"大卷"。此爲《雲門》之樂,雖早失傳,但按理在當時是不會只有樂舞而無辭的。以上四句大意是,從前葛天氏有歌辭,有樂譜,黄帝的《雲門》曲,照理説不會只有樂曲而無歌辭吧。

⑨至堯四句——大唐,當作大章。按《禮記·樂記》鄭注云:"堯樂名也,言堯德章明也。"按《尚書·大傳》載有《大唐之歌》,是舜美堯禪之歌,不能説"堯有"。南風,指《南風歌》。《禮記·樂記》:"昔者舜作五絃之琴,以歌《南風》。其辭相傳爲:'南風之薰兮,可以解吾民之愠兮;南風之時兮,可以阜吾民之財兮。'"兩句意思是,堯時的《大唐》歌,舜造《南風》詩,兩

詩都能達意罷了。

⑩及大禹二句——禹,夏代部落領袖,姒姓,名,文命,又稱大禹,夏禹。九序惟歌(見《原道》一文的注解㉗)。意思是:大禹治水成功,各項事情就序,受到歌頌。

⑪太康二句——太康,啓之子,繼啓爲夏代國王。德敗,道德敗壞。太康常游樂打獵,不理政事,終被東夷族后羿奪去王位。五子,說法不一,據《史記·夏本記》指太康的兄弟五人。咸,都,皆。怨,五子怨太康遊獵不歸也,因作《五子之歌》(載《僞古文尚書》)。疑爲後人僞作。意思是:太康品德敗壞,他的五個兄弟都作詩表示怨恨。

⑫順美二句——順,贊揚也,美化也。匡,糾正也,挽救也。意思是,用詩讚美好的,糾正壞的,其作用來源很久了。

⑬自商四句——曁,及也,到也。《詩經》中的詩都是周初到春秋中葉的作品。至於《商頌》,前人認爲是商代的詩,實際上是春秋初期宋國的詩。也有人認爲商代本有《風》、《雅》,却被孔子删去了。圓備,即完備也(指《雅》、《頌》體制具備)。四始,說法不一,據《毛詩序》鄭箋說:"始者,謂王道興衰之所由也。"《風》、《小雅》、《大雅》、《頌》,四者表現出了王道興衰的根由,故稱四始。六義,指《詩經》的賦、比、興和風、雅、頌,前三者爲《詩經》的表現手法;後三者爲《詩經》的內容和體裁。環深,周密精深也(指《詩經》裏的風、雅、頌三種體制和賦、比、興三種表現手法又周密又精深)。

⑭子夏四句——子夏,孔子弟子,姓卜,名商,字子夏。監,通鑒,鏡也,即明曉的意思。絢素,《論語·八佾》:"子夏問曰:'巧笑倩兮,美目盼兮,素以爲絢兮。何謂也?'子曰:'繪事後素(繪畫最後才上白色)。'曰:'禮後乎(先有忠信的品德,然

后才学习礼仪吗)?'子曰:'起予者商也(启发我的是子夏)!始可与言《诗》已矣。'"子贡,孔子弟子,姓端木,名赐,字子贡。悟,领会也。《论语·学而》:"子贡曰:'贫而无谄,富而无骄,何如?'子曰:'可也,未若贫而乐,富而好礼者也。'子贡曰:'诗云:如切如磋,如琢如磨。其斯之谓与?'子曰:'赐也,始可与言《诗》已矣,告诸往而知来者。'"(磨,磨光也。切磋,把骨骼、象牙加工成器。原诗是形容一个青年男子修饰得像切磋琢磨过的象牙玉石一样。)这四句意思是:子夏理解了"素以为绚兮"诗句的含义,子贡领悟到"如琢如磨"诗句的道理,孔子赞美二人,说可以和他们谈论诗的问题了。

⑮白王泽二句——王泽,王的恩泽,这里指周王权。殄(tiǎn),尽,灭绝。风人,诗人也,这里是采诗之人之意。辍(chuò),停止也。采,搜集也,与"採"通。这两句是说,周朝教化衰竭,采诗官不再采诗了。

⑯春秋四句——头两句是说,在春秋时代,各国互派使臣访问,用唱诗(《诗经》中的诗句)以表现心志,应答对方。以应对得体为宾客的光荣,以发言合宜显示本人的才华。但所唱的诗都是《诗经》中旧有的,不是自己新作的。酬酢(zuò)宴会敬酒时,主敬客叫"酬",客还敬叫"酢",即应对之意。以为,以唱诗为……吐纳,即谈吐,言谈之意。而成,以唱诗而成为……身文,自身的光彩,本人的光彩。

⑰逮楚国二句——两句是说,战国时的楚国到了怀王、襄王时,国家由强变弱,濒于危亡,成为国人讽刺和怨恨的时代,就产生了屈原的以讽怨出名的《离骚》。

⑱秦皇二句——秦皇,指秦始皇,姓嬴,名政,为秦王朝的建立者。灭典,烧毁典籍,即指焚书之事。僊诗,据《史记·秦

始皇本紀》:"僊真人詩"詩已失傳。這兩句意思是:秦始皇燒了經書,那時的博士還作了《僊真人詩》。

漢初四言,韋孟首唱,匡諫之義,繼軌周人[19]。孝武愛文,柏梁列韻[20]。嚴馬之徒,屬辭無方[21]。至成帝品錄,三百餘篇[22],朝章國采,亦云周備;而辭人遺翰,莫見五言,所以李陵班婕妤見疑於前代也[23]。按《召南》《行露》,始肇半章[24];孺子《滄浪》,亦有全曲[25];《瑕豫》優歌,遠見春秋[26];《邪徑》童謠,近在成世[27]:閱時取證,則五言久矣[28]。又古詩佳麗,或稱枚叔;其《孤竹》一篇,則傅毅之詞。比采而推,兩漢之作乎[29]?觀其結體散文,直而不野,婉轉附物,怊悵切情,實五言之冠冕也[30]。至於張衡《怨》篇,清典可味,《仙詩緩歌》,雅有新聲[31]。

注釋

[19]漢初四句——四言詩,即四個字一句的詩。韋孟,西漢人,作詩諷諫楚戊王的荒淫。據《漢書·韋賢(孟五世孫)傳》:孟爲楚元王傅,歷相三世,至王戊荒淫無道,因作《諷諫詩》以諷。軌,道也,法度也。周人,這裏指《詩經》。這四句意思是,漢初四言詩,是韋孟首先創作的,詩的諷諫意義,是繼承了周代人的傳統。

[20]孝武二句——孝武,即漢武帝,名徹,漢景帝之子,爲西漢有名的帝王。柏梁,見《時序》注[23]。列韻,爲《柏梁臺》詩,

每人一句,句句用韻,一韻到底,即"聯韻"意。

㉑嚴馬二句——嚴,指嚴忌,本姓莊,因避明帝(名莊)諱改爲嚴,世稱嚴(莊)夫子,據《漢書·藝文志》説他作賦二十四篇,所作没有流傳。馬,指司馬相如,據《漢書·藝文志》説他有賦二十九篇;據《玉臺新詠》卷九載有他的《琴歌》二首,恐爲僞託。"屬辭無方"是説他們也有詩,但却不好(方,當也)。這兩句是説,嚴忌,司馬相如一流人,作詩没有一定規格。

㉒至成帝二句——成帝,指西漢成帝劉鷔(ào),元帝之子。品,品評也。録,擇用,采納。《漢書·藝文志·總序》:"至成帝時……詔光禄大夫劉向校經傳諸子詩賦",又"凡歌詩二十八家,三百一十四篇。"兩句意思是:到成帝時,讓劉向輯録品評,共得三百多篇。

㉓朝章六句——頭二句是説,朝野(指民間)佳作,搜集了三百篇,可以説是很完備了。辭人,作家也,詩人也。翰,毛筆也,也可引申爲文詞、作品。五言,即五言詩。李陵,字少卿,李廣孫,隴西成紀人,武帝時率兵攻擊匈奴,戰敗投降,後病死於匈奴。世傳其與蘇武詩三首,爲五言;蘇武亦有五言詩數首,或謂别李陵時作。李蘇之詩,早已有人疑爲僞作。班婕妤,班是姓,其名不詳;婕妤,一作倢伃,女官名;該女有才學,成帝時被選入宫,後爲趙飛燕所讒,退侍太后於長信宫,曾作有五言《怨歌行》(亦稱《團扇歌》,還作有《自悼賦》、《搗素賦》),也有人疑爲僞作。見,被也。後四句是説,當時的作家遺留下的作品,没有見到五言詩,可見李陵和班婕妤的五言詩是假的(後代人懷疑)。

㉔按召南二句——按,同案,考察也。《召南》,是《詩經》中十五國風之一。《行露》是《召南》中的一篇。此詩共三章,

第一章三句,每句四字;後二章前四句爲五言,後兩句爲四言。故云"半章"也(有一半是五言)。肇(zhào),創建也。

㉕孺子二句——《孟子·離婁上》"有孺子歌曰:'滄浪之水清兮,可以濯我纓;滄浪之水濁兮,可以濯我足。'"(《楚辭·漁父》亦載此歌),將此歌的第一、三句中的"兮"除去,全爲五言,故云"全曲"也。

㉖暇豫二句——《國語·晋語二》中説晋獻公之夫人驪姬,欲殺太子申生,而立己子奚齊,大夫里克阻難;而優施與驪姬私通,因爲之宴飲里克,酒酣,起舞而歌曰:"暇豫之吾吾,不如鳥烏;人皆集於苑,已獨集於枯。"(苑,茂盛也)。兩句意思是:晋國優施唱的《暇豫歌》,早見於春秋時代。

㉗邪徑二句——邪徑,指成帝時的一首歌謡,其辭曰:"邪徑敗良田,讒口亂善人;桂樹華不實,黃爵巢其顛;故爲人所羡,今爲人所憐。"(見《漢書·五行志》。桂,赤色,漢家象。華不實,無繼嗣也。黃爵,即黃雀,爵、雀通,指王莽篡世已成也,莽自黃象)。兩句意思是:童子唱的《邪徑》歌,出現在較近的漢成帝時代。

㉘閲時二句——閲,查考,檢閲也。兩句謂檢閲這些詩歌的時代作證。

㉙又古詩六句——古詩,説法不一。指《古詩十九首》,這是蕭統《文選》的題名,而劉勰的《文心雕龍》早於《文選》,故這裏的"古詩"是泛指,也包括《古詩十九首》。枚叔,叔是枚乘的字,景帝時人,武帝時已老,爲當時著名作家,《七發》是其代表作;又根據徐陵《玉臺新詠》、《古詩十九首》中有八首(西北、東城、行行、相去〈叢刊本,宋本《玉臺》爲《廳中》一首〉、涉江、青、迢迢、明月)爲叔作。《孤竹》,指《冉冉孤生竹》一首。傅毅,字

· 63 ·

武申,東漢文學家。比采,比較其辭采也。六句總的意思是:五言古詩非常秀麗,有的說是枚乘作的,其中的《孤竹》一首是傅毅的作品,根據它們的文辭特點推斷,是兩漢的作品。

㉚觀其五句——其,代古詩。結體,結構體制。散文,散發出文采。直,質直也。怊悵,悲愁失意的樣子。侯,卿大夫的禮帽,後專指皇冠。冠冕,這裏是最高貴的意思。這五句意思是:看它們的風格用辭,質直而不鄙陋,依物寄情,婉轉貼切,抒發哀情,打動人心,實在是五言詩的一流作品。

㉛至於四句——張衡,字平子,東漢時期著名科學家兼作家。怨篇,指張衡所作的《怨》詩:"猗猗秋蘭,植彼中阿;有馥其芳,有黃其葩;雖曰幽深,厥美彌嘉;之子云遠,我勞如何。"此詩是借秋蘭而傷才士不被重用也。《僊詩》和《緩歌》,說是張衡所作,已不可考。雅,很,甚也。新聲,音調新穎也。這四句意思是,張衡的《怨》詩清麗典雅,可以體味,《僊詩》、《緩歌》音調新穎。

　　暨建安之初,五言騰踊,文帝陳思、縱轡以騁節,王徐應劉,望路而爭驅㉜;並憐風月,狎池苑,述恩榮,叙酣宴㉝,慷慨以任氣,磊落以使才㉞;造懷指事,不求纖密之巧;驅辭逐貌,唯取昭晰之能㉟:此其所同也。〔乃〕及正始明道,詩雜仙心;何晏之徒,率多浮淺㊱。唯嵇志清峻,阮旨遥深,故能標焉㊲。若乃應璩《百一》,獨立不懼,辭譎義貞,亦魏之遺直也㊳。

注釋

㉜暨建安六句——建安,漢獻帝年號,從公元196年至219年,文學上所說的建安時代是指東漢末至三國初一段時間。五言,指五言詩。騰踊,二字都有向上之意,這裏是盛行意思。文帝,即魏文帝曹丕,字子桓,曹操次子,繼曹操爲魏王,後代漢稱帝,也是文學的喜好者。陳思,即曹植,字子建,曾封陳王,謚思,世稱陳思王,甚愛文學,古代有名作家。縱,放開也。轡(pèi),牲口的嚼子或韁繩。騁節,按節拍以馳騁也。王徐應劉,指王粲、徐幹、應瑒、劉楨,皆建安時代文人,後人有建安七子説法。這六句是,建安初期五言詩紛紛出現,曹丕、曹植縱馬馳騁,王、徐、應、劉也爭先跟上去。

㉝並憐四句——並,總指建安作家。有同,都,一齊也。憐,即"憐"字,喜愛也。狎(xiá),戲也,遊玩也。前兩句寫他們的游樂的生活,後兩句是說他們著作的内容。

㉞慷慨二句——慷慨,亦作"忼慨",意氣激昂之意。任氣,縱任意氣也。磊落,胸懷英爽坦率也。使才,驅使其才能也。這兩句是説他們寫作中"任氣","使才"也說明他們作品的風格。

㉟造懷四句——造懷,描寫情思之意。指事,描繪事件之意。驅辭,遣辭也。逐貌,描寫事物的形象之意。昭晰,鮮明清晰也。這四句是説,抒寫情懷,不求纖密細巧,運用文辭,描摹形貌,只求顯明清楚。

㊱乃正始四句——乃,作"及"較好。正始,齊王曹芳年號,這時繼建安之後,文學又繁榮了一段時間。明道,闡明老莊之道也。仙心,佛教(道)的情思之意。何晏,三國魏宛人,字平叔,好老莊,喜清談,當時學者兼作家。這四句意思是:到

了正始時期，玄學盛行，講究清談，詩中夾雜着道家思想，何晏他們大多浮泛淺薄。

㊲唯嵇志三句——唯，同惟，獨也，只也。嵇，指嵇康。阮，指阮籍。嵇、阮二人皆建安時期文人，竹林七賢之翹楚。嵇康，字叔夜，才高博學，喜愛老莊，後爲鍾會所害。阮籍，字嗣宗，博學能文，也喜愛老莊。清峻，謂嵇康詩所抒發情志清遠峻切（嚴峻、興鋭）。遥深，謂阮籍詩中的意旨遥遠深沉而又含蓄也。標，出色也，出衆也。

㊳若乃四句——若乃，至於也，應璩，字休璉，當時作家。百一，即《百一詩》，一謂一百零一首，一謂百慮而有一先也，不知誰是；《文選》只載一首，《漢魏三百家集》載有八首。譎（jué），特異也，怪異也。貞，正也。獨立不懼，意多諷刺時政，但由於“義反”而不懼也。直，謂正直之作者也。遺直，直道而行，有古人遺風。

晋世群才，稍入輕綺。張潘左陸，比肩詩衢㊴，采縟於正始，力柔於建安；或析文以爲妙，或流靡以自妍：此其大略也㊵。江左篇制，溺乎玄風，嗤笑徇務之志，崇盛〔亡〕忘機之談㊶。袁孫已下，雖各有雕采，而辭趣一揆，莫與争雄；所以景純仙篇，挺拔而爲俊矣㊷。宋初文詠，體有因革，莊老告退，而山水方滋；儷采百字之偶，争價一句之奇，情必極貌以寫物，辭必窮力而追新，此近世之所競也㊸。

注釋

㊴晉世四句——晉世,指西晉。群才,衆作家。輕綺,輕蕩而華麗也。張潘左陸,西晉作家有所謂"三張、二陸、兩潘、一左"之稱;三張,指張載(字孟陽)、張協(字景陽)、張亢(字季陽);二陸指陸機(字士衡)、陸雲(字士龍);兩潘,指潘岳(字安任)、潘尼(字正叔);一左,指左思(字太沖)。詩,在作詩的大道上(並駕齊驅)。

㊵采縟四句——采,指語言辭藻。縟,采飾繁盛也。於,比也。析文,把原來成句拆開之意。流靡,向柔弱不振的方面變化之意。妍(yán),美也。意思是:他們的詩作,文采比正始時代繁复,力量比建安時代柔弱,有的講究辭藻精妙,有的追求音節的優美。這是他們的大略情況。

㊶江左兩句——江左,地理上以東爲左。江左指江東,這裏指東晉,因東晉建都建康。篇制,製作的詩篇。溺,沈沒也。玄風,談玄之風,即談佛說道之風。徇務,從事於事務。亡機,亡一作忘,忘機,忘掉機詐之心,超然於世外,即對一切世務淡漠而不紛爭也。意思是:東晉時期的作品,陷入玄談風氣裏,譏笑關心時務的思想,推崇忘却世情的清談。

㊷袁孫六句——袁,指袁宏。字彥伯,東晉末文學家兼史學家,著有《後漢記》、《竹林名士傳》和詩、賦、諫表等多篇。孫,指孫綽,字興公,有高尚之志,游放山水,東晉末的作家。已下,指比袁孫以下的作家。雕采,指他們的詩也注意辭藻的雕飾。趣,旨趣,意旨也。揆,尺度也,法則也。莫與句,謂他們不能和著名大家比長論短。景純,郭璞的字,博學才高,爲東晉著名的學者兼作家。僊篇,指郭璞的代表作《遊僊詩》十四首。挺拔,突出超衆。因爲較真摯濃厚的抒情成分,豐富

生動的形象,豪俊的語言。意思是:袁宏、孫綽以下的作家,也注意到雕琢詞句,但旨趣一樣,當然不能與傑出的作家爭雄,郭璞的《遊僊詩》便成爲當時的傑作了。

㊸宋初九句——宋初,劉宋初年。文,文章詩歌,這裏主要指詩歌。體,風格也。因革,繼承與革新。山水,指山水詩,指以寫山水景物爲主的詩。這種詩從東晉已開始了。滋,增長也,加多也。儷采,成雙成對的文詞(辭)。偶,對也,雙也。價,價值也,聲價也。情,指內容言。像,描繪事物很像其形態也。這幾句的意思是指劉宋初年詩文的特點的。風格上有革新,宣揚老莊思想的退出文壇,描寫山水的多起來,講究排比對偶,用辭上講究新穎、驚奇。

故鋪觀列代,而情變之數可監;撮舉同異,而綱領之要可明矣㊹。若夫四言正體,則雅潤爲本,五言流調,即清麗居宗;華實異用,惟才所安㊺。故平子得其雅,叔夜含其潤,茂先凝其清,景陽振其麗㊻,兼善則子建仲宣,偏美則太沖公幹。然詩有恒裁,思無定位,隨性適分,鮮能圓通㊼。若妙識所難,其易也將至;忽之爲易,其難也方來㊽。至於三六雜言,則出自篇什㊾;離合之發,則〔明〕萌於圖讖㊿;回文所興,則道原爲始㉛;聯句共韻,則柏梁餘製;巨細或殊,情理同致,總歸詩囿。故不繁云㉜。

注釋

㊹故鋪觀四句——列,各地。情變,指詩歌內容的變化。

數,規律也。監,同鑒,鏡子,引申爲照見也。撮,摘取也。同異,各個時代對其同異加以比較。這四句是説,總觀各代詩作,它的演變情況可以知道了,歸納它的同異之點,主要的寫作綱領就明白了。

㊺若夫六句——若夫等於"至於"、"像那"之意。四言,指四言詩。正體,《詩經》以四言爲主,劉勰有宗經思想,故稱四言爲"正體"。雅潤,典雅而温潤也。流調,流行的曲調。五言,同四言比較因多一言(字),格調稍微流暢。清麗,清新美麗。宗,本也,主也。華實,華指"清麗",實指"雅潤"。惟才所安,謂華與實用於創作是因作家的習性和愛好的不同而決定的。這幾句是説詩的流行格調,四言詩以雅正滋潤爲主,五言詩以清新艷麗爲主,只有根據作者的習性和愛好來確定。

㊻平子四句——叔夜,嵇康的字。含,包藏也。茂先,張華的字,西晉重要作家。凝,聚也。景陽,張協的字。振,發出也。這四句是就四言詩來説,張衡學得雅正,嵇康具有清潤;就五言詩來説,張華完成清新,張協發揚艷麗。

㊼隨性二句——性情,習性。分,才分。通圓或作"圓通",謂具備各種風格。意思是(詩有一定的體裁,情思却没有一定規格)作家隨着各自的特點去寫作,很少能兼善各種文體的。

㊽若妙識四句——妙識,深知其意。此四句本於《國語·晉語四》:"文公問於郭偃曰:'始也,吾以治國爲易,今也難。'對曰:'君以爲易,其難也將至矣;君以爲難,其易也將至焉。'"這四句是説,能深知寫詩的困難,在實際創作中会感到容易;若輕視它,認爲寫詩很容易,那末它的困難就會到來。

㊾至於二句——三六雜言,即三字句,六字句,七字句等

詩。不是四言五言正規的詩體,故名曰"雜言"。篇什,《詩經》的"雅"、"頌"以十篇爲一什,故後來凡稱詩篇爲"篇什",這裏專指《詩經》。是説,三、六等雜言詩源頭在《詩經》。

(50)離合二句——離合,指離合詩,是一種雜體詩,即將字拆合以成文也。是一種遊戲詩,這種離合體萌芽於各種迷信式的圖書中。如以卯金刀以射"劉"字,再如:"漁夫屈節,潛水匿方;與旹進止,出行施張。"上聯離"魚"字,下聯離"日"字,合爲"魯"字。明,作萌。圖讖(chèn),兩漢時巫師、方士編造的預示吉凶的隱語或預言。是説拼拆文字的"離合詩"來源於漢代的圖讖。

(51)回文二句——回文,指回文詩,是一種遊戲的詩體,回還往復,讀之皆可通。道原,何時人,不可考。劉宋時有賀道慶者,曾作有回文詩一首,或疑"原"爲"慶"字之誤。按道慶之前,回文詩作者亦不少。或謂回文詩出於竇滔之妻,姓蘇名蕙,字若蘭。滔徙流沙,蘇氏思之,曾織錦爲回文詩以贈滔。但傅玄温嶠有回文詩,都在蘇氏之前。兩句意是,回文詩創始於宋代賀道慶(下兩句是"聯句詩"是《柏梁詩》遺留下來的體制)。

(52)巨細四句——巨細,指體裁,篇幅的大小長短。致,情趣也,儀態也。囿,本爲飼養禽獸的園林,這裏可作範圍,園地講。這四句是説,以上各種體裁的大小不同,情理都是一樣的,都屬於詩的範疇,所以不再細説了。

贊曰:民生而志,詠歌所含(53)。興發皇世,風流《二南》(54)。神理共契,政序相參(55)。英華彌縟,萬代永耽⑤⑥。

注釋

⑤③民生二句——民生，人生下來。而志，即有情思之意。所含，謂所含之志。這兩句是說，人生來就有情志，吟詠詩歌的根子就扎在這裏了。

⑤④興發二句——興發，興起之意，指詩歌的產生。皇世，古帝王時代。風流，風行，盛行也。二南，即《詩經》中的《周南》、《召南》，這裏汎指《詩經》。這兩句是說，詩歌產生在三皇時代，而盛行在《詩經》上。

⑤⑤神理二句——第一句是說詩歌是和神妙之理相契合的。第二句是說詩歌又與政治秩序相參驗的，即是時代的反映。

⑤⑥英華二句——英華，指詩歌辭藻之美。彌，更加也。縟，繁飾也。彌縟，詩歌辭藻的華美，一天比一天重視。耽，喜愛也。第二句是說，人們對於詩歌，千秋萬代都喜愛它。

簡評

《明詩》一文論述了詩的意義、詩的產生、詩的起源及其演變，論述了各個時期詩的風貌，五言詩的風格特點(主要是風格)，其間評論了主要作家和作品。引《舜典》中"詩言志"來表明"詩者，持也，持人性情"的觀點，也就是說"詩"是詩人抒寫自己意志的，因而詩就必須"順美"而"匡惡"，即歌頌美好的，諷刺錯誤的，使人的性格歸於端正，鏟除邪惡。其所說的"美"

與"惡"是以封建道德爲標準的。

　　在《明詩》中作者反對魏晉間盛行的玄言詩和晉以後的輕質重文的形式主義詩風，肯定了一些富有真情實感的作品，歌頌了大禹的詩歌，諷刺了太康的"五十歌"，韋孟的"諷諫詩"，應璩的"百一首"。在敘述詩歌興廢時，却歸因於帝王的重視與否。由於他夸大了統治者的作用，勢必貶低、忽視民間詩歌，如對漢代珍貴的"樂府詩"就沒有論述到。在談到"葛天樂辭"時，就不能指出這是原始時代勞動人民的歌聲。在談到漢魏六朝時只重視文人詩，對《古詩十九首》的評論只偏重語言藝術技巧，對其內容未加明辨，沒有點出那是中下層文人苦悶的歌聲；却用大量篇幅叙述了詩官采詩、賦詩言志以及孔門的詩教，這裏受了儒家詩歌觀的影響。正因爲作者"宗經"思想嚴重，對《詩經》則讚揚備至，認爲"四言"爲"正體"，"五言"爲"流調"。談論詩體風格的很少，只是説"雅潤"和"清麗"，此説又是來自《文章流別論》："古詩率以四言爲體……五言者……於諸倡樂多用之……然時雅音之韻四言爲正，其餘雖備曲折之體，而非音之正也。"用歷史唯物的觀點看《明詩》一文，確實缺點不少，但劉勰的"詩言志"觀點對當時和現在來説都是正確的；他主張詩的內容要實在，反對華而不實的形式主義作品也是有卓見的，因此，《明詩》一文不愧爲珍品。

總　術①

　　今之常言，有"文"有"筆"，以爲無韻者"筆"也，有韻者"文"也②。夫文以足言，理兼《詩》《書》，別目兩名，自近代耳③。顏延年以爲："'筆'之爲體，'言'之文也；經典則'言'而非'筆'，傳記則'筆'而非'言。"④請奪彼矛，還攻其楯矣⑤。何者？《易》之《文言》，豈非"言"文；若"筆"〔不〕爲"言"文，不得云經典非"筆"矣⑥。將以立論，未見其論立也。予以爲：發口爲"言"，屬〔筆〕翰曰〔翰〕"筆"，常道曰經，述經曰傳⑦。經傳之體，出"言"入"筆"，"筆"爲"言"使，可强可弱⑧。〔分〕六經以典奧爲不刊，非以"言""筆"爲優劣也⑨。昔陸氏《文賦》，號爲曲盡，然汎論纖悉，而實體未該⑩。故知九變之貫匪窮，知言之選難備矣⑪。

注釋
　　①《總術》爲原書的四十四篇，綜合論述作家必須重視寫作方法。掌握了寫作方法，才能把作品寫好。不曉得方法就等於瞎子摸魚一樣。

②今之四句——今，指晋宋時代。韻，這裏所説的無韻和有韻，不僅指句末的押韻，亦指詩文的音節。筆和文的區別，除文中所説的無韻和有韻外，一般又認爲筆是不甚講究優美的作品，文是比較講究文采的作品。

③夫文四句——足，充實。"文以足言"，文采是用來豐富語言的。詩書，詩指《詩經》，書指《尚書》。《詩經》代表有韻的作品；《尚書》代表無韻的作品。別，區分。目，稱也。兩名，即文和筆。晋代人開始把文章分爲文和筆兩種。

④顔延年四句——顔延年，名延之，晋宋之間著名的山水詩人。他主張以文采的多少，把作品分爲文、筆、言三種，筆是言中之有文采者，儒家所稱經典應屬於言，解釋經典的傳記應屬於筆。

⑤請奪二句——奪，强取，奪取。彼，他的。矛，帶長柄而鋭利的武器。楯，楯同盾，即盾牌，古時用來擋刀箭防護身體的武器。這兩句是説用顔延年的話來攻破他自己的主張。

⑥易之四句——易，指《易經》。文言，相傳孔子作《文言》，是專解釋《易經》中乾、坤兩卦的義理的。文，是文飾之意；言，謂乾、坤兩卦下的言辭。言文，"言"之有文采者。筆不，當作筆爲。

⑦予以爲四句——發口，發自口頭。發口爲言，口頭説的稱言。屬（zhǔ），連綴，著作。翰，毛筆，文辭。屬筆，應作"屬翰"，即用筆寫成文字。屬筆曰翰，用筆寫下來的稱文章。常道，永久不變的道理，即所謂的真理曰"經"。述經，闡述，解説經書的道理曰"傳"。

⑧經傳四句——出，脱離。出言，不屬於言。筆爲言使，筆寫代替口説。使，用也。强與弱，指文采多少。

總術

⑨分經二句——分經,應作六經。典奧,典雅深奧。刊,消除;不刊,不可磨滅,不可削改(六經內容正確深刻,不可磨滅)。非以言筆爲優劣,不是以文飾的多少分高下。

⑩昔陸氏四句——陸氏,指陸機,字士衡,西晉著名作家。《文賦》是陸機用賦體作的一篇有名的談論創作的著作。號,揚言,大家都説。曲盡,曲折詳盡。汎,廣泛之意。纖,瑣碎細緻。悉,本是"都、全"的意思,這裏是詳盡之意。體,主體,即要點。該,同"賅",二字音同,完備之意。大意是,陸機的《文賦》,論到文章曲折詳盡,其實他論的是枝節問題,沒有抓住寫作中的實質問題作完備的論述。

⑪故知二句——九變,多變。貫,事。匪窮,匪同"非",無窮盡。知言,善於分析言辭。選,優秀的,善也。難備,不多。兩句是説,文情的變化無窮,善於分析文章道理的人很少。

　　凡精慮造文,各競新麗,多欲練辭,莫肯研術⑫。落落之玉,或亂乎石;碌碌之石,時似乎玉⑬。精者要約,匱者亦尠⑭;博者該贍,蕪者亦繁⑮;辯者昭晰,淺者亦露⑯;奧者復隱,詭者亦〔典〕曲⑰。或義華而聲悴,或理拙而文澤⑱。知夫調鍾未易,張琴實難⑲。伶人告和,不必盡窕槬〔桍〕之中⑳;動〔用〕角揮〔扇〕羽,何必窮初終之韻㉑?魏文比篇章於音樂,蓋有徵矣㉒。夫不截盤根,無以驗利器;不剖文奧,無以辯通才㉓。才之能通,必資曉術㉔,自非圓鑒區域,大判條例,豈能控引情源,制勝文苑哉㉕!

· 75 ·

注釋

⑫凡精慮四句——造文,即寫作,這裏指從事寫作的人。競,逐也。追求之意。練,選擇,練辭,在文辭上推敲選擇。術,指寫作方法。莫肯研術,不研究文章的寫作方法。這四句是評論當時文風的。

⑬落落四句——落落,喻少也。碌碌,喻多也。亂,混雜。

⑭精者二句——精者,指寫作精密的人,或指精煉的文章。要約,文辭簡要,或作扼要簡練講。匱者,情志貧乏的人,或指內容貧乏的文章,尠,少,簡單,作品簡短。

⑮博者二句——博者,指學識廣博的人,或指內容豐富的文章。該(賅)贍,指文辭繁複,或事理詳備。蕪者,指不善剪裁的人,或內容蕪雜的文章。

⑯辯者二句——辯者,指善於分析理辯的人。昭晰,文章寫得條理清晰明白。淺者,學識淺薄的人。露,顯露。指文章寫得膚淺易懂。

⑰奧者二句——奧者,指學識(思想)深奧的人。復隱,層次復雜曲折。(指文意深隱)。詭者,指怪異的人。典,當作"曲",指作品曲折難懂。

⑱或義華二句——義華,文章意義華美,作品內容很好。聲悴,作品的聲調音節萎靡不振,不和諧。理拙,指作品內容拙劣。文體,指作品的辭藻很美。此二句指文章的形式與內容的矛盾。

⑲知夫二句——調鍾,即敲鐘,調和鐘律。張琴,彈琴,在琴上張絃定音。

⑳伶人二句——伶人,即樂人,或演戲的人。告和,謂樂人演奏音樂使其和諧。窕(tiǎo),細小。㰒(huò),橫大,皆指

樂器。槦,衍文,無義,當刪去。中,恰好,指音節。盡,完全,指彈奏樂器。這兩句是說,樂師彈奏樂器只求和調,但不必要求把大小樂器都演奏得很好。

㉑動用二句——動用角揮扇羽,當爲"動角揮羽",意爲樂師彈奏樂曲。窮,盡也,完也。窮初終之韻,從始到終都符合音律。

㉒魏文二句——魏文,即魏文帝曹丕。比篇章於音樂。指他在《典論·論文》中所說的:"譬諸音樂,曲度雖均,節奏同檢,至於引氣不齊,巧拙有素,雖在父兄,不能以移子弟。"指明作者的氣(才性)不同,文章風格不同。意在說明寫作如演奏音樂一樣,微妙致極,各有巧拙。徵,根據,憑據。

㉓夫不四句——不截盤根,截,切斷,割斷。盤根,盤繞在一塊的樹根。剖,剖析。文奧,文章的深奧道理。文,當作"窔(yào)(幽深)"理解也可。通才,才能廣博的人。

㉔才之二句——資,依賴,憑藉。術,方法。這裏指寫作方法。

㉕自非四句——自非,除非。圓,全面。鑒,觀察,考察。區域,寫作圈子(陸謂指各種體裁)。判,分辨,區別(陸謂"裁決")。條例,條款,法規。這裏指寫作法則。控引,控制,引道,駕馭。制勝,取得勝利。文苑,文壇,文學界。

是以執術馭篇,似善弈之窮數;棄術任心,如博塞之邀遇㉖。故博塞之文,借巧儻來,雖前驅有功,而後授難繼,少既無以相接,多以不知所刪,乃多少之並惑,何妍媸之能制乎㉗?若夫善弈之文,則術有恒數,按部整伍,以待情會,因時順機,動不失正㉘。數逢其極,機入其巧,則義味騰躍而生,辭氣叢雜而至㉙。視之則錦繪,聽之則絲簧,味之則甘腴,佩之則芬芳:斷章之功,於斯盛矣㉚。

注釋

㉖是以四句——執術,掌握寫作方法。馭篇,即駕馭寫作。弈,古代圍棋,意謂下棋。數,技術,技巧。任心,任憑自己的心意去寫作。博塞(sài),古代的一種博戲,現在的賭博。邀遇,碰機遇。後兩句意思是,拋棄技術(寫作法則),任憑心意去寫,就像下棋的人碰運氣。

㉗故博塞八句——借巧,借用別人的技巧。儻來,儻同"黨",儻來,即偶然得來。前驅,指作品的開端。妍,優美,指作品。惑,困惑。媸(chī),醜陋,指容貌醜陋,在此指作品不好。制,控制,掌握。這八句意思是,賭博式的寫作,開始可能有些功效,後面就難以寫下去,寫少了不知怎樣補充,寫多了不知怎樣刪削,連多少都不清楚,又怎能掌握文章好壞的準則呢?

㉘若夫六句——恒數,永恒不變的技巧(寫作有一定的規律)。部,部署,作家心中的計劃。伍,隊伍,即寫作素材(按作家計劃整理安排材料)。情會,思想情感會合而來。因,依照,依據(順應時機去寫)。動,往往,常常。失正,離開正道,歧途(步步都不脫離正道)。

㉙數逢四句——數,技巧。逢,迎合。極,中正,準則。機,古時弓上的發動機關。此作時機,關鍵講。巧,恰巧。義

味,意謂作品內容寫得很有滋味而能感人。騰躍,跳躍,生動之意。辭氣,謂用辭有氣勢,有力量。叢雜,茂盛,濃郁。這四句大意是,寫作技巧運用得好,時機掌握又很合適,那麼,文情意味,文辭氣勢都騰躍而出。

㉚視之六句——錦,有美麗花紋的絲織品。繪,五彩的繡花。錦繪,辭藻美麗,悅目。簧,樂器中用來撥動發聲的木片(片狀物體)。絲簧,琴笙之樂,喻動聽的音律。甘,美好。腴(yú)肥肉。甘腴,喻事理之美好可口。佩,繫在身上。芬芳,喻情志如籠罩在芳香中。斷,裁決。章,篇章。斷章,指寫作。功,功效。盛,盛大,美好。

夫驥足雖駿,纆牽忌長,以萬分一累,且廢千里㉛。況文體多術,共相彌綸,一物攜貳,莫不解體㉜。所以列在一篇,備總情變;譬三十之輻,共成一轂㉝,雖未足觀,亦鄙夫之見也㉞。

注釋

㉛夫驥足四句——驥,千里馬。驥足,有才能的作家。駿,迅速,跑得快。纆(mò),繩索,縕繩。纆牽,馬縕繩。累,連累,受害。萬分一累,即受了萬分之一的累害。千里,指整個工程。這四句是說如果忽視了寫作方法的某一點,就會影響全篇。

㉜況文體四句——彌綸,統攝,牽連,配合。前兩句的意思是文章寫法各種各樣,各方面互相配合才能組成文章。一物,指在寫作上某一點。攜貳,產生二心,叛離。這裏指寫作

各方面配合不好。體,指作品的整體。

㉝所以四句——列在,寫在。情變,情況的變化,即各種不同情況。備總句,是說將各種不同的情況寫在一篇作品之中。輻,輻條,車輪中湊集於中心轂上的直木。轂(gǔ),車輪中心的圓木,周圍以受輻條者。後二句是說一切情況要服從主題,爲主題服務。

㉞雖未二句——這兩句是謙詞,第一句是說,本篇所談的道理雖不足以觀看。鄙(bī),鄙俗,鄙陋。鄙夫,淺陋的人。是劉勰自稱的謙詞。

贊曰:文場筆苑,有術有門㉟。務先大體,鑑必窮源㊱。乘一總萬,舉要治繁㊲。思無定契,理有恒存㊳。

注釋

㉟文場二句——苑,古代帝王和貴族的公園。文場筆苑指寫作園地,寫作領域。術,方法,法則。門,門路,門徑。術,門含義一樣。有術有門,指寫作有基本法則和途徑可循。

㊱務先二句——大體,總體。鑑,觀看,觀察。窮,盡也。兩句意思,寫文章必着眼於文章的總體,要弄清看準文情變化根源。

㊲乘一二句——乘,因也,趁也。總,概括,指文章的各個方面。總萬,概括一切。一和要,皆指上面的"大體"說的。治繁,也是"總萬"的意思。意思是,掌握根本(指寫作原則)來處理繁多現象。

㊳思無二句——思，構思。定契，一定的法則。理，寫作的道理，寫作的基本原理法則。恒存，永遠不變，經久長存。

簡評

《文心雕龍》一書中創作論共二十篇，《總術》是創作論的序言，這裏的"總"是總持、駕馭的意思，"術"就是寫作原則。"總術"就是總括地強調掌握寫作法則對寫好文章的重要意義。

《總術》一文，開頭先談文筆問題，承接文體論而轉入創作論。在文筆之分上，他駁斥了顏延之的"文、筆、言"的見解，也批評了陸機《文賦》"號爲曲盡，然汎論纖悉，而實體未該"的毛病，也表明自己對文筆區分的看法。

《總術》的第二部分由"文"、"筆"之論轉入正題——創作之論。首先針對當時創作界的"莫肯研術"進行批評，"莫肯研術"就是不注意研究爲文之"術"，即寫作原則，"莫肯研術"者往往美和醜不分，玉和石相混，內容和形式相矛盾。爲了強調學習掌握寫作原則的重要，他說"不截盤根，無以驗利器，不剖文奧，無以辯通才，才之能通，必資曉術"，這就形象說明通曉和駕馭寫作原則的人才能剖析內容深奧的文章，能辨別出短文章中哪些寫得精練，哪些內容貧乏；長文章中，哪些是學識淵博，內容豐富，哪些是繁蕪，等等。他把通曉並能駕馭寫作法則，看作是寫作成功的一個基本條件。那些像賭博碰運氣一樣的作家，是"後援難繼"，寫不出好文章來的。"執術馭篇"的作家，寫作時處於清醒、自覺、從容不迫的狀態；而"棄術任心"的作者，寫作時處於盲目、被動、毫無自覺的狀態。前者成竹在胸，循規順時，有條理地進行，寫出有聲有色的作品來；後者心中無數，無明確的路徑可走，又無應變能力，漫無準則，只能借偶然的機巧，取得局部的成功。劉勰的這種認識和論述，是完全符合寫作的實際情況的，這是深知寫作甘苦的經驗之談。"執術馭篇"的精闢見解和論述，在當時具有救正時弊的積極作用，對今天各種文體的寫作，也仍然具有一定的現實指導意義。

最後，他指出掌握技巧要做到全面，有些看上去好像次要的部分也不能忽視，正是這些部分會招致寫作的失敗。正像駕車馬繮繩長一點，好像是不關重要的細節，却會影響千里馬的馳騁速度。

《總術》一文全面說明研術的重要，分析論述精闢透徹，正反舉例說明道理，貼切詳盡。

神 思①

古人云："形在江海之上，心在魏闕之下。"②神思之謂也。文之思也，其神遠矣。故寂然凝慮，思接千載；悄焉動容，視通萬里；吟詠之間，吐納珠玉之聲③；眉睫之前，卷舒風雲之色④；其思理之致乎？故思理爲妙，神與物游⑤，神居胸臆⑥，而志氣統其關鍵；物沿耳目，而辭令管其樞機⑦。樞機方通，則物無隱貌⑧；關鍵將塞，則神有遯心⑨。

注釋

①《神思》爲原書的第二十六篇，是論述作家寫作時的構思和構思時的想象的，因爲作家構思極爲神妙，變化莫測，故曰"神思"。

②形在兩句——形，指人的身體。魏闕，魏，高也；闕，兩宮門之間中缺爲通路，故稱闕（"闕"同"缺"）。魏闕是古代門上巍然高出的樓觀，爲帝王發佈命令的地方，故成爲朝廷的代稱。這兩句出於《莊子·讓王》，原文説的是有人隱居在山水之間，而心却是時刻想着官禄。意思是説，身在此而思想可以任意飛馳，思考不受時間、空間的限制，藉以説明神思的意義。

③吟詠二句——吟詠，作家在構思過程中低徊吟詠。文學作品，特別是詩歌，是有聲律的。吐納，偏義復詞，這裏作發出解。珠玉，像破珠碎玉的聲音一樣圓潤優美，指吟詠的聲調。

④眉睫二句——"眉睫之前"，猶言"面目之上"。"風雲之色"，風雲變化萬千，這裏用來形容吟詠時面部的劇烈變化。注解③④四句意思是說詠詠中好像聽到了珠玉的悅耳聲音，凝目一顧，好像看見了風雲變幻的景象。——說明構思效應。

⑤神與句——神，作家的精神。物，外界事物，帶有作者情感的外物，形象思維。游，活動。此句是說（構思的妙用）使作家在構思時，精神和外物交織在一起而共同活動。

⑥神居二句——臆，胸也。統，率也，主管也。關鍵，事物的主要部位。

⑦物沿二句——沿，靠也。辭令、酬應的言辭，引申為動聽的語言。樞機，與"關鍵"同義。這兩句是說，外物的聲色是靠作家的耳目聽到、看到的，而美妙的言辭才能把它主要特點表達出來。

⑧樞機二句——樞機，指辭令。這兩句是說，語言運用靈便的時候就會把事物刻畫得活靈活現。

⑨關鍵二句——關鍵，指志氣。遯，"遁"的異體字，逃避，隱退。這兩句是說，當志氣閉塞的時候，精神思路就會退避，什麼也想不起來。

是以陶鈞文思，貴在虛靜，疏瀹五藏，澡雪精神⑩；積學以儲寶，酌理以富才，研閱以窮照，馴致以懌辭⑪,然後使元解之宰,尋聲律而定墨⑫;獨照之匠,窺意象而運斤⑬;此蓋馭文之首術,謀篇之大端⑭。

注釋

⑩陶鈞四句——陶,瓦器。鈞,做瓦器所用的轉輪。陶鈞,建造也,引申爲醞釀、培養之意。瀹(mǐ),疏通之意,澡雪,洗刷也。這四句是受老莊思想的影響。後兩句出自《莊子·知北游》,老莊認爲只有虛靜才能認識世界。這四句可譯爲"進行構思時,必須做到沈寂寧靜,思考專一,使內心通暢,精神凈化"。

⑪積學四句——寶,知識,資料。酌,斟酌,引申爲考慮,辨別。研閱,研究觀察。窮,盡也,窮照,沒有地方照不到,即理解,徹底明白事物,即瞭解事物的本質。馴,鍛煉。致,情致,情操。懌辭,當作"繹辭","繹"有抽引之意,故可解作遣辭。這四句是說,作家(要想做好構思)首先平時積累學問,儲備知識;其次,分辨事理以豐富知識能力,深入研究考察;再次參考自己的生活經驗,瞭解事物的本質;最後鍛煉情操以便更好地運用辭藻。

⑫元(玄)解二句——元,通玄。"玄解之宰"懂得玄妙道理的主宰,指用心。它與下面的"獨照之匠"對文。"玄解之宰"用《莊子·養生主》中"庖丁解牛"故事。玄,奧妙,微妙;解,就是"解牛"的"解",是解剖、剖割,瞭解到的意思。宰,主宰,指庖丁,這裏指作家。尋,按照。定墨,這個詞出於《禮記·王藻》,在這裏指的是"起草""寫作"。這兩句意思是,這

樣才能使深通奧妙道理的心靈,按照寫作技巧動手寫作。

⑬獨照二句——獨照,獨到見解。匠,木工。窺,看也。意象,心意中構思的形象。運,揮動。斤,斧子。這兩句是説,這時作家如同高明的木匠一樣,按照着心中想象的樣子,運用工具來製造器具。

⑭此蓋二句——馭文,即寫作。首術,首要的方法。大端,主要的端緒,即要點。這兩句意思是,這是寫作的首要方法,也是考慮全篇布局時的要點。

夫神思方運,萬塗競萌⑮,規矩虛位,刻鏤無形⑯。登山則情滿於山,觀海則意溢於海⑰,我才之多少,將與風雲而並驅矣⑱。方其搦翰,氣倍辭前,暨乎篇成,半折心始。何則⑲?意翻空而易奇,言徵實而難巧也⑳。是以意授於思,言授於意㉑;密則無際,疏則千里㉒。或理在方寸,而求之域表,或義在咫尺,而思隔山河㉓。是以秉心養術㉔,無務苦慮,含章司契㉕,不必勞情也。

注釋

⑮萬塗句——塗,與"途"通。萬塗,與寫作有關的各種素材。競,爭也。萌,萌芽。此句是説,當時構思時,各種素材爭着萌芽露頭,可寫的東西太多了。

⑯規矩二句——規矩,這裏作動詞"安排"講。刻鏤,是刻畫、修飾的意思。"虛位"和"無形",是説作者所構思的都是虛構的,無形的事物,而這些又是有形可象的。"規矩虛位,刻鏤

無形":文學反映現實,雕琢形象,是有作家想象和虛構成分的。兩句大意是,在意象中揣摩,在思索中塑造,即作家要對這些抽象的意念給予具體的形象,把未定形的事物都精雕細刻起來。

⑰登山二句——兩句意思是,當他(指作家)想到登山,腦中便充滿山的秀美,一想到海,心裏便充滿着海的景色。

⑱我才二句——兩句意思是,不管作家的才情多少,他的構思真和狂風挾雲在心頭馳騁一樣。

⑲方其四句——搦(nuò),持也。翰,筆也。氣,氣勢,心勁。辭前,下筆寫作之前。曁,至也,及也。半折心始,心中開始寫作的打算,結果只是寫出了一半的樣子(等到一看寫成的作品,却不如開始所意想的一半)。

⑳意翻句——最初在構思時,是不着邊際的想象,容易出色巧妙;但語言文字是實在的,(寫出來的東西)却很難像構思時想象的那樣巧妙。

㉑意授二句——意,指作家所要表現的情思(即意象構思),思,指作家的思想。言,指語言文字。這兩句是説,作家所要表現的情思,是受作家思想支配的;語言文字又是受作家的情思支配的。

㉒密則二句——際,中間,引申爲空隙。前句是説,語言文字和作家所構思出的形象有時結合得密而無間;下句是説,有時二者結合得不好,距離甚遠。

㉓理在二句——方寸,指心。域,疆域。表,外也。域表,疆域之外。咫,八寸。咫尺,接近之地。這兩句意思是,道理本在眼前,却想象到天涯去了;意義即在身邊,却探索到海角去了。

87

㉔秉心二句——秉心,持心使正,即前邊"貴在虛静"三句之意。養術,培養掌握寫作方法。該句意思是,(一個作家)只有養得心地空靈,又能駕馭寫作方法,才不會徒勞而苦惱。

㉕含章句——含章,構思孕育出美質。司,掌管也。契,契約,規約,引申爲創作規律(才不會白費心思)。

人之稟㉖才,遲速異分,文之制體㉗,大小殊功㉘。相如含筆而腐毫㉙,揚雄輟翰而驚夢㉚,桓譚疾感於苦思㉛,王充氣竭於思慮㉜,張衡研京以十年㉝,左思練都以一紀㉞:雖有巨文,亦思之緩也。淮南崇朝而賦《騷》㉟,枚皋應詔而成賦㊱,子建援牘如口誦㊲,仲宣舉筆似宿構㊳,阮瑀據案而制書㊴,禰衡當食而草奏㊵:雖有短篇,亦思之速也。

注釋

㉖稟——天生也。

㉗制體——體裁,篇幅。制,製作,作品。

㉘殊功——用的功夫,功力大小不同。以上四句意思是說,人們寫作才能有快有慢,文章格局,有大有小。

㉙相如句——相如,即司馬相如,西漢著名辭賦家。相傳他"善爲文而遲",《西京雜記》說他寫《上林賦》和《子虛賦》時"意思蕭散,不多與外事相關……忽然如睡,焕然而興,幾百日而後成。""筆""腐毫"之說,不見記載。毫,毛也,指他用的筆,因用的時間長而毛筆都腐爛了。意思是,相如含筆寫作,直到筆腐爛,文章才寫成。

㉚揚雄句——揚雄，字子雲，西漢著名作家。輟翰，停筆也，即寫了文章以後，因用思過度"因倦小卧，夢其五臟出在地，以手收而納之。及覺病悸，大少氣，病一發。"該句説，揚雄作賦用心過度，放下筆就做了怪夢。

㉛桓譚句——桓譚，字君山，東漢初著名學者。"疾感於苦思"，指的是他要學習揚雄的"麗文高論"，而作小賦，因用心太甚，病了一場。

㉜王充句——王充，字仲任，東漢初著名的思想家。氣竭，氣力衰竭。相傳他作《論衡》時，"閉門潛思，絶慶弔之禮，户牖墻壁，各置刀筆。"從而氣耗體弱。年邁七十，著《養生術》十六篇，節欲頤神。該句説，王充因用心過度而氣力衰竭。

㉝張衡句——張衡，字平子。東漢著名作家。研，有窮究思考之意。京，指他作的《二京賦》，據説他作此二賦，花了十年功夫。

㉞左思句——左思，字太冲，西晉著名作家。練，將絲麻布帛煮的柔軟潔白，引申爲反復琢磨推敲之意。都，指《三都賦》(魏、晋、吴三都)，紀，十二年。用了十二年時間寫《三都賦》。

㉟淮南句——淮南，指淮南王劉安。崇，終了。崇朝，一個早晨。傳騷，謂作《離騷傳》("傳"就是論述大意，不是解釋文字)。賦，陳述，著作。該句説，淮南王劉安一個早晨寫成《離騷傳》。

㊱枚皋句——枚皋，字少孺，枚乘之子，西漢初作家。詔，古代皇帝的命令。《漢書·枚皋傳》"爲文疾，受詔輒成。"該句是説，枚皋剛接到詔令就寫成了賦。

㊲子建句——子建，曹植的字，建安時代著名作家。授，

持也。牘,古代寫字用的木板,這裏借用爲紙。《文選》載楊德祖《答臨淄侯戒》:"又嘗親見招事,握牘持筆,有所造作,若成誦在心,借書於手。""援牘如口誦"就是:拿着紙張寫文章,好像鈔寫背誦過的文章一樣。

㊳仲宣句——仲宣,王粲的字,建安七子之一。宿,平素。宿搆,好像平素寫好的一樣。《三國志·魏志·王粲傳》"善屬文,舉筆便成,無所改定,時人常以爲宿搆。""搆"通"構",建成。是説,王粲拿起筆來像已經做好了一般。

㊴阮瑀句——阮瑀,字元瑜,建安七子之一。案,當作"鞌",今多作"鞍",馬鞍也。據,依靠。制書,帝王搆作書信。該句是説,阮瑀靠着馬鞍立刻代曹操寫成了給韓遂的信。

㊵禰衡句——禰衡,字正平,東漢末人。草奏,或謂代劉表寫奏章,或謂作"草賦"。據《漢書·禰衡傳》,一次黄祖的長子射大宴賓客,有人送給射一隻鸚鵡,射即請衡賦之,以娛賓客,衡當喫飯之際,援筆立成《鸚鵡賦》。該句是説,禰衡在宴會上就草擬成奏章。

若夫駿發之士,心總要術,敏在慮前,應機立斷㊶;覃思之人,情饒歧路,鑒在疑後,研慮方定㊷。機敏故造次而成功,慮疑故愈久而致績㊸。難易雖殊,並資博練㊹。若學淺而空遲,才疎而徒速,以斯成器,未之前聞。是以臨篇綴慮,必有二患㊺:理鬱者苦貧,辭溺者傷亂㊻,然則博見爲饋貧之糧,貫一爲拯亂之藥㊼,博而能一,亦有助乎心力矣。

注釋

㊶駿發四句——駿,疾也,迅速也。要術,主要的寫作方法。這四句是說,文思敏銳的人,心中掌握了主要的寫作方法,彷彿不經考慮,就能對取捨是非當機立斷。

㊷覃思四句——覃,深也,緩慢也。饒,富也,多也。鑒,鑒別也。這四句是說,構思遲緩的人(指以上司馬相如、揚雄等作家),思想感情常在多方面打圈圈,經過疑慮後才能鑒別出是非,經過深入思考才能斷定取捨。

㊸機敏二句——機敏,指文思快的人。造次,急速,匆促。慮疑,指文思遲緩的人。績,功績。兩句意爲,文思快當即能寫成,疑慮多要很久才能成篇。

㊹並資句——並,合也,同也,都也。資,藉助也。博練,多方面的鍛煉。指"陶鈞文思"以下數句。意思是,(快和慢)都靠學識廣博,技術熟練與否。

㊺臨篇二句——綴,連接。綴慮,行文也,寫作也。患,患難也,毛病也。

㊻理鬱二句——理鬱,思想不通暢。辭溺,用辭無節制。兩句意爲,思路阻塞的人,苦於內容貧乏;辭藻泛濫的人,苦於文辭雜亂。

㊼然則二句——饋,贈送也。貫,有一個中心思想,有一個主題。拯,救也。兩句意爲,見識廣博就成爲補救貧乏的糧食;中心一貫就成爲挽救雜亂的藥方。

若情數詭雜,體變遷貿㊽,拙辭或孕於巧義,庸事或萌於新意㊾,視布於麻,雖云未〔費〕貴,杼軸獻功,焕然乃珍(50)。至於思表纖旨,文外曲致,言所不追,筆固知止(51)。至精而後闡其妙,至變而後通其數(52),伊摯不能言鼎,輪扁不能語斤,其微矣乎(53)!

注釋

㊽情數二句——情,指作品的内容。數,多種多様。詭,奇特。體,指作品風格。貿,變化。兩句是説,作品的内容是復雜奇特的,風格也是變化多様的。

㊾拙辭二句——孕,孕育,包藏。這兩句是説,有的作品辭藻雖是拙劣,也許包藏着巧妙的意義。在平庸的事件中也許會萌發出新穎的思想,但經過修飾,辭不拙劣,事不平庸,"妙義"和"新意"就顯示出來了。

(50)視布四句——視,比如。費,應作"貴"。焕然,光彩貌。這四句是説,布是麻織成的,但原來的麻並不珍貴,經過織機的人工製成麻布以後,就美觀而珍貴了。

(51)思表四句——表和外意思相同,指作品的内容和文辭所不及者。這四句是説,作品中的内容所表達不出的極爲細緻的情思,文辭所難以表現的極爲曲隱的情志,是語言不能追逐得了的,這就更難寫出了。

(52)至精而句——這兩句是説,掌握了極精妙的寫作技能才能闡明内容完美奥妙的情况;掌握了變化多端的規律,才能通曉風格多様化道理。

(53)伊摯三句——伊尹,一名伊摯,湯的賢相,曾助湯伐桀,湯尊之爲阿衡。鼎,古時炊器,多爲圓形,三足兩耳。相傳他曾以烹飪比喻治國之道,其奥妙的道理却難以用語言説出來。

輪扁(輪扁),春秋時齊人,是做輪的妙手,曾説:“不徐不疾,得之於手而應之於心,口不能言,有數存焉於其間。”這三句意思是,從前伊尹不能詳述烹飪的奧妙,輪扁也難説明用斧的技巧,這些的確都是很奧妙的。

贊曰:神用象通,情變所孕(54)。物以貌求,心以理應(55)。刻鏤聲律,萌芽比興(56)。結慮司契,垂帷制勝(57)。

注釋

(54)神用二句——神,指作家的精神思想。象,指外物的形象。用,因,憑藉。情變,情思變化。這兩句是説,作家的精神情思和外物溝通以後,就孕育産生了作家的内心情感的變化活動。

(55)物以二句——物,指外界事物。貌,形貌。求,尋求,指感動作者。這兩句是説,外物的形貌來打動作家,作家内心就根據一定法則而産生相應的活動。

(56)刻鏤二句——刻鏤,精心推敲。萌芽,産生。這兩句是説,作家於是就推敲作品的音節,運用比興的手法來寫作。

(57)結慮二句——結慮,凝神思索。司契,掌握要領。這兩句是説,作家能够閉門深思,掌握好創作規律,就能寫出好的作品來。

簡評

《神思》一文主要論述了文學作品的創作構思問

题。这在刘勰以前的作家都说不清楚，觉得很玄妙。如陆机的《文赋》，只是描绘了构思和想象的精神状态和对创作的重要性，没有进一步解决如何进行构思和培养想象问题，只能发出了"吾未识夫开塞之所由"的感叹，刘勰却对进行构思和培养想象的方法作了进一步探讨。他所说的作品的构思一是聚精会神的构思；二是"天马行空"的远思，即想象，近乎形象思维。本篇所讲的构思，也可以说是想象。这是文学作品的主要特征，也正是和其它文章的主要区别。

"神思"也是"为文之用心"的主要内容。因为"神思"才有艺术创造，艺术才有广阔的天地，丰富的内容，巨大的感染力。"神与物游"接触到形象思维问题，也就是说想象离不开外界事物。阐明"神与物游"后，又进一步说明精神上的修养，写作能力上的锻炼，也就是他说的"秉心养术"。"秉心"指的是思想上修养。他主张"无务苦虑"，"不必劳情"，故在构思时要"贵在虚静……"这样才能保持清醒的头脑思考专一。对此《养气》作了补充。"养术"指的是写作的能力的培养，他提出四点："积学以储宝，酌理以富才，研阅以穷照，驯致以绎辞。"这四方面是艺术构思的必要基础。但缺少生活实践是不行的，作家必须和客观现实反复接触才能完成构思任务。同时构思又是和作家的世界观相联系的，只有世界观正确了，其他方面才能得到正确的结果。一个作家在客观景物面前不是消極被動的,而是帶着主觀的感情色彩去觀察景物的,所謂"登山則情滿於山,觀海則意溢於海"就是這種關係的生動説明。

　　没有藝術的構思,就談不到藝術創作,就不可能有藝術。作爲藝術構思的對象—物,劉勰僅指自然景物是不够的,它基本上包括一切社會内容,因而他不懂得創作必須植根於社會生活。

體　性①

　　夫情動而言形，理發而文見，蓋沿隱以至顯，因内而符外者也②。然才有庸儁，氣有剛柔，學有淺深，習有雅鄭③，並情性所鑠，陶染所凝④，是以筆區雲譎，文苑波詭者矣⑤。故辭理庸儁，莫能翻其才；風趣剛柔，寧或改其氣；事義淺深，未聞乖其學；體式雅鄭，鮮有反其習⑥；各師成心，其異如面⑦。

注釋

　　①《體性》爲原書的第二十七篇。"體"指文章的風格；"性"指作家的個性。本篇是論述二者關係的。劉勰認爲作品的風格與作家的個性是分不開的；作家的個性是由天賦的才能與氣質、後天的學習與習慣諸條件結合而形成的，因而作品的風格與作家天賦的才氣、後天習慣的陶染是分不開的。
　　②情動四句——"隱"和"内"，指前兩句的"情"和"理"；"顯"和"外"指前兩句的"言"和"文"。"言"指文學的語言；"文"指有文采的文學語言。符，符合。即"隱"和"顯"、"内"和"外"是相符合的。作品的内容和作家的情思是一致的。這四句意思是，情感如果激動了，就形成語言；道理如果要表達，就

體現爲文章。這裏把隱藏在心裏的情和理發表爲明顯的語言文字,表和裏應該是一致的。

③雅鄭句——雅,正也,高雅,即正樂。鄭,鄭聲,淫聲。鄭,也可理解爲强音,强聲,即庸俗,俚俗之樂。是説人的學問有深和淺的區别,習慣有典雅與鄙俗的不同。

④情性二句——情性,指上文的"才"和"氣"。鑠(shuò),鎔化。陶染,熏陶感染,指上文的"學"和"習"。凝,凝結,形成。這兩句是説一個作家天生的才氣(情性)而逐漸鎔鑄成"庸儁"和"剛柔"之别,由於後天的學習(陶染)而慢慢凝結成"淺深"和"雅鄭"的不同。

⑤筆區二句——"筆區"和"文苑"意思相同,指文學創作領域,不必認爲"筆"指散文,"文"指韻文,譎(jué),變化。詭,奇特。這兩句是説,由於作家的才氣和學習的千差萬别,故寫出的作品也像雲彩的變化多端,波濤的奇特多姿。

⑥辭理八句——翻,翻轉,這裏是相反之意。風趣,作品所表現的情思。寧,難道。或,有的。指作家的氣質。事義,作品所寫的事件和要旨。乖,背離也。體式,風格,樣式。這八句是從四個方面説的,一,文辭和道理的平庸或杰出與作者才華相一致;二,文章的教育作用和趣味是剛健或是柔順與作者的氣質有關;三,文章所述的事情和意義淺薄或深刻與作者學識有關;四,文章風格的雅正或輕靡與作者的習慣有關。

⑦各師二句——師,倣法,按照。成心,本心,本性,指上面的才、氣、學、習,四者。《左傳》襄公三十一年:"人心之不同,知其面焉。"這兩句是説各人按照自己的本性寫作,其作品和人的外貌一樣各不相同。

若總其歸塗,則數窮八體:一曰典雅,二曰遠奧,三曰精約,四曰顯附,五曰繁縟,六曰壯麗,七曰新奇,八曰輕靡。典雅者,鎔式經誥,方軌儒門者也⑧;遠奧者,馥采典文,經理〔元〕玄宗者也⑨;精約者,覈字省句,剖析毫釐者也⑩;顯附者,辭直義暢,切理厭心者也⑪;繁縟者,博喻釀采,煒燁枝派者也⑫;壯麗者,高論宏裁,卓爍異采者也⑬;新奇者,擯古競今,危側趣詭者也⑭;輕靡者,浮文弱植,縹緲附俗者也⑮。故雅與奇反,奧與顯殊,繁與約舛⑯,壯與輕乖⑰,文辭根葉,苑囿其中矣⑱。

注釋

⑧典雅者三句——鎔,鑄器的模型。鎔式,取法。經誥,經典。誥,《尚書》中一種訓誡的體制。軌,車轍。雙軌,並駕。這三句是說,典雅的意思,就是遣辭取法於經典,思想以儒家爲準則。

⑨遠奧者三句——范先生以爲"復"當作"馥"。劉永清《文心雕龍校釋》認爲"馥"當作"復","隱復也";"典"當作"曲","深曲也"。經理,即義理,經書的義理,即作品的內容。玄宗,以玄學爲宗。這三句是說,遠奧的意思,就是文辭比較含蓄深曲,內容以道家學說爲主旨。

⑩精約者三句——覈,"核"的異體字,仔細研究。這三句是說,精約的意思,就是遣辭經過字斟句酌,極爲精當;內容也經過仔細分析,不差毫釐。

⑪顯附者三句——附,合,即下面的"切"。這三句是說,

顯附的意思是,遣辭直截了當,意義暢曉,符合事理,滿足人心。

⑫繁縟者三句——這三句是說,繁縟的意思,就是用的比喻多,辭采豐富,光華陸麗,鋪陳多姿。

⑬壯麗者三句——這三句是說,壯麗的意思,就是高超的議論,宏偉的見識,遣辭光華不凡。

⑭新奇者三句——危側,險僻也。趣,通"(趨)",趨向也。這三句是說,新奇的意思,就是厭舊喜新,以險僻奇特為貴。

⑮輕靡者三句——浮文,文辭浮華。弱植,植是"志"的借字,弱植,就是根基薄弱。縹緲,內容空虛,不切實際。附俗,投合時俗(指內容)。

⑯舛(chuǎn),相背,不合。

⑰乖——背離,不合。

⑱文辭二句——文辭,這裏指文章,作品。根葉,指主要的、次要的各種風格。苑和囿,皆指古代養禽獸花木的地方,即園林,這裏是範圍的意思。這兩句是說,文章的各種各樣的風格,都可歸入這八種範圍之中。

　　若夫八體屢遷⑲,功以學成⑳;才力居中,肇自血氣,氣以實志,志以定言㉑,吐納英華,莫非情性㉒。是以賈生俊發,故文潔而體清㉓;長卿傲誕,故理侈而辭溢㉔;子雲沈寂,故志隱而味深㉕;子政簡易,故趣昭而事博㉖;孟堅雅懿,故裁密而思靡㉗;平子淹通,故慮周而藻密㉘;仲宣躁銳,故穎出而才果㉙;公幹氣褊,故言壯而情駭㉚;嗣宗儻儻,故響逸而調遠㉛;叔夜儁俠，故興高而采烈㉜；安仁輕敏，故鋒發而韻流㉝；士衡矜重，故情繁而辭隱㉞。觸類以推，表裏必符，豈非自然之恆資，才氣之大略哉㉟！

注釋

⑲八體句——此句是説，以上的八種風格，體現在一個作家身上來説，是常有變化，不能把它們看作死的，事物都是互相聯繫的，一個作家也可兼而有之，并且前後常有不同。

⑳功以句——此句是説，一個作家的形成一定的風格，主要靠努力學習而養成。

㉑才力四句——才力，即才能。中，中心，主要地位。肇，初始，發生，起源。血氣，氣質。（這裏把稟性看作第一位，把學習、閱歷看作第二位。）這四句是説，才華是關鍵，才華是先天的。培養氣質可以充實人的情志，情志確定語言。

㉒吐納二句——吐納，本爲呼吸，這裏是表現之意。英華，精美，指作品言。兩句意思是，語言是否精闢，要看人的性格如何。

㉓賈生二句——賈生，就是賈誼，西漢初年著名作家。俊發，指他的性格英俊敏捷，豪邁風發。文潔，文辭乾净利落。體清，風格清新明快。

㉔長卿二句——長卿，司馬相如的字，。西漢初著名作家。傲誕，指他的性格傲慢放蕩。理侈，指他的作品説理夸張。溢，水滿外流，辭溢，遣辭繁富。

㉕子雲二句——子雲，西漢末著名作家揚雄的字。沈寂，指他的性格沉默清静。志隱，指他文章中所表現的情志隱約

含蓄。

㉖子政二句——子政,西漢末學者劉向的字。簡易,《漢書·劉向傳》"向為人簡易無威儀,廉靖樂道,不交接世俗。"(即性格平易、坦率)趣昭,文章中所表現的意旨明顯。事博,說明道理時引用的故事衆多。

㉗孟堅二句——孟堅,班固的字。東漢初著名的史學家,作家。雅懿,指班固的性格端正而深美。裁密,指他的文章論斷周密。思靡,思想細緻。

㉘平子二句——平子,指張衡,東漢著名的科學家,作家。淹通,指他的性格深沉通達。慮周,指他的作品思想周密。藻密,用辭精密。

㉙仲宣二句——仲宣,王粲的字。躁銳,指他的性格急躁、銳利。穎,禾末,也稱錐子的尖,指他的作品鋒芒畢露。才果,才識果斷。

㉚公幹二句—— 公幹,劉楨的字。氣褊,指他的性格氣量褊狹,褊急。言壯,指他的作品有氣勢,有力量。情駭,抒情驚奇,動人。

㉛嗣宗二句——嗣宗,三國魏著名作家阮籍的字。俶儻,同倜儻,指他的性格灑脫豁達,無拘無束。響逸,指他的作品文辭音節高超而聲調卓越。調遠,情調高遠深長。

㉜叔夜二句——叔夜,三國魏著名作家嵇康的字。"儁","俊"的異體字。俠,指他的性格英俊俠義。興高,他的作品旨趣高超。采烈,遣辭剛勁猛烈。

㉝安仁二句——安仁,西晉著名作家潘岳的字。輕敏,指他的性格輕躁,才思敏捷。鋒發,指他的作品鋒芒利落。韻流,音韻流利圓轉。

㉞士衡二句——士衡,西晉著名作家陸機的字。矜重,指他的性格端莊嚴肅。情繁,他的作品情思繁富。辭隱,他的作品用辭隱約含蓄。

㉟豈非二句——恒資,指天資,生性。這兩句的大意是說,一個作家的自然性格和才能氣質,對於作品風格的關係大概就是這樣。

夫才〔有〕由天資,學慎始習㊱,斲梓染絲,功在初化,器成綵定,難可翻移㊲。故童子雕琢,必先雅製,沿根討葉㊳,思轉自圓㊴,八體雖殊,會通合數㊵,得其環中,則輻輳相成㊶。故宜摹體以定習,因性以練才,文之司南,用此道也㊷。

注釋

㊱才由二句——才由,當作"才有"。兩句意爲,才華依靠天賦(後天的),學習一開始就應慎重。

㊲斲梓染絲句——"斲","斫"的異體字。斲(用刀斧砍)梓,本於《尚書·梓材》:"若作梓材,既勤斫砍。"染絲,本於《墨子·所染》:"子墨子言,見染絲者而美曰:'染於蒼則蒼,染於黃則黃,所入者變,其色亦變。……故不可不慎也。'""綵","彩"的異體字,彩色,絲綢也。這四句是,用制木器和染絲綢作比,斫梓染絲一開始就顯現出功效來,等到器物製成,絲綢染好就難以改變了。

㊳沿根句——從根本探究到枝葉上。

㊴思轉句——此句是說,只要根基打好,想去學什麽,就

會圓轉自如。轉,指風格轉變。圓,圓轉。自,自如。

㊵會通句——會通,融會貫通。即上句的"圓"。數,方法,法則。

㊶得其二句——環中,圓環的中心,即軸心。輻,輻條也。車輪與車轂中間相連的木棍。輳,聚集也。兩句意思是説,掌握了軸心,車輻就隨着轉動了。

㊷故宜四句——司南,指南針。這四句意思是説,模擬雅正的風格來培養寫作的習慣,按照各人的性格特點以鍛煉寫作的才能,寫作的指南針就是這樣的。

贊曰:才性異區,文辭繁詭㊸。辭爲膚〔根〕葉,志實骨髓㊹。雅麗黼黻,淫巧朱紫㊺。習亦凝眞,功沿漸靡㊻。

注釋

㊸才性二句——文辭,當作"文體"。兩句是説,作家的天才與個性是各不相同的,因而文章的風格也隨着個性的不同而各式各樣的。

㊹辭爲二句——兩句是説,作品的辭藻猶如人的皮膚和樹的枝葉,作家的情志才是人的骨骼和脊髓。(意在説明作品的文辭是枝葉,作家的情志是根本的。)

㊺雅麗二句——黼(fǔ)黻(fú),古代禮服上白與黑相間的花紋叫"黼";黑與青相間的花紋叫"黻"。用以比喻文章的辭藻。雅麗,麗而不傷於正,與淫巧相對。朱紫,朱是正色,紫是雜色,這裏朱紫是偏義復詞,偏於紫。《論語·陽貨》:"惡紫

之奪朱也,惡鄭聲之亂雅樂也。"兩句意爲,禮服上的花紋是華麗雅正的,其它染色不算過分奇巧了。

㊻習亦二句——范先生説:"真者,才氣之謂,言陶染學習之功,亦萬凝積而成才氣也。"功,功績,功效。沿,因也,緣也。靡,美好也。功沿漸靡,就是説,巧效會因着逐漸地美好起來。這兩句意爲,(在寫作上)作家的才華和氣質可以陶冶而成,不過需要長時間功夫才能見效。

簡評

在我國文學理論批評史上,劉勰第一次在《體性》篇中提出了文學作品的風格(體性)問題,並着重探索了作品風格形成的根源,總結出它是由於作者的才性所決定的結論。

才性問題,在魏晋時期爭論很大。其社會原因爲,東漢時取士有秀才、孝廉兩科,秀才重才,孝廉重性,表面是"才"、"性"並重,實際上重性輕才,因爲孝廉是鄉里推薦的。曹操一反東漢科舉的傳統,提出重才輕性的主張。到劉勰時已變爲空洞的清談了,他第一個把它移植到文學中來。他認爲形成作品風格的最根本的是作者的才性,這就擊破了風格論中的神秘論的觀點,對當時來説是有現實意義的。

劉師培《中國中古文學史》中認爲,中國文學至西漢魏晋而大盛,但文學特爲一科,則自劉宋始。《南史·宋書》中載宋文帝於儒、玄、史三館之外,又別立文學一館。這説明文學到這時已經成熟，時代要求文學創作中的一些問題，要在文學理論上得到反映，甚而得到解决。劉勰的《體性》是個創舉，他論述了作家的個性與文章風格的關係，認爲作品的風格與作家的個性是分不開的，作家的個性是天賦的才能與氣質，後天的學習與習慣，諸條件相結合而形成的，因而作品的風格與作家天賦的才氣和習慣的陶染是分不開的。他在《體性》中提出作品的八種風格（典雅、遠奧、精約、顯附、繁縟、壯麗、新奇、輕靡），對後世的影響極爲深遠。這八種風格肯定了前六種，批判了後兩種。這就説明了他提出風格問題的目的之一，是針砭當時的文弊，但把"典雅"列爲第一種，又説是"鎔式經誥……"這正是他尊經思想的反映。

劉勰首先在我國文論史上明確地提出"體性"問題，"體"即作品風格，"性"是作家個性，前者是由後者決定的統一體，並舉出十二個作家來證明這個論點。劉勰對風格的認識不是天才論者和神秘論者，他認爲風格的形成"才"和"氣"雖然重要，但更重要的是"學"和"習"，要做到"宜摹體以定習，因性以練才"。

《體性》篇所論述的只是作品風格的主觀因素，即作家個性表現在作品中形成一種特有的風格，但没有涉及到作品風格的客觀因素，如各種文學體裁都有它的特定風格，這種特定風格是不以作家意志爲轉移的，它要求作家必須順應它的特色來進行創作。另外時代的風貌也在影響着甚至決定着作品的風格，也就是說時代特點在作品中反映出來。《體性》中所推崇的仍然是儒家思想的老一套。

風　骨①

　　《詩》總六義,《風》冠其首;斯乃化感之本源,志氣之符契也②。是以怊悵述情,必始乎風③,沈吟鋪辭,莫先於骨④。故辭之待骨,如體之樹骸,情之含風,猶形之包氣⑤。結言端直,則文骨成焉;意氣駿爽,則文風清焉⑥。若豐藻克贍,風骨不飛,則振采失鮮,負聲無力⑦。是以綴慮裁篇,務盈守氣,剛健既實,輝光乃新,其爲文用,譬征鳥之使翼也⑧。

注釋

　　①《風骨》爲原書的第二十八篇,"風"指作品中的思想情感在讀者身上所起的作用,"骨"指遣辭在讀者身上所起的作用。本篇就是論述作品的感染力和"風"、"骨"二者主從關係的。《風骨》中的"風"和《體性》中文章的風格的"風"有密切的關係,但它不是"風格"的"風",此處的"風"是指作品的傾向、激情或風情,也就是作品中作者思想感情的流露(指感染力)。

　　②詩總四句——詩,指《詩經》。六義,按《詩·大序》說:"一曰風,二曰賦,三曰比,四曰興,五曰雅,六曰頌。"風、雅、頌爲三種類型音樂所唱的歌;賦、比、興爲三種寫詩的表現手法。

斯乃,這是之意。化感,教化感人之意。因爲風詩多爲各地民歌,大半以抒情爲主,故説它是"化感之本源"。志,指作家的情志,即思想感情。氣,指作家的氣質、個性。符契,符是憑证,契,是證券;二者皆有相合以取信之意。這裏是説作品所表現的情思和作家的内心是完全相符合的。這四句是説,《詩經》的六義,風是第一,它是教化的根源,同作者的情志和氣質是一致的。

③怊悵二句——怊(chāo)悵(chàng)本爲失意,這裏是内心激動的意思。這兩句是説,作家受外物感動,要抒發情思時,首先要注意風教的問題。

④沈吟二句——沈吟,沈思吟詠。這兩句是説,當沈思吟詠要遣辭表達時,也要先注意骨力的問題。

⑤辭之四句——待,需要也。骸,骨骼架。形,形體,即身體。這四句意思是,文辭應該有骨力,正像身體必須有骨架一樣;表達感情要起到"風"的教化作用,好像人的形體裏含有生氣一樣。

⑥結言四句——結言,組織辭句,即綴辭。端直,端,指用辭正確、恰當;直,指用辭率直。意氣,即志氣。駿爽,指抒情昂揚充沛和爽朗明快。清,當作"生"。這四句意思是,措辭端莊正直(即辭語用得好),文章就有骨力;作者的意志和氣質都昂揚爽朗,文章便起到了風教作用。

⑦豐藻四句——豐藻,豐富的辭藻。克,能夠,致勝。瞻,豐富,充足。克瞻,是説辭藻豐滿。這四句是説,寫作太重視雕飾辭句了,就會削弱文章的内容和形式所應起的感染力,於是所用的辭采就不鮮明,聲調也不會響亮動人。

⑧綴慮六句——綴,連接。綴慮,構思。裁,剪裁。裁篇

安章,即寫作。剛健,指文骨有力。實,指內容充實。其,代詞,指"風"與"骨"。征鳥,能遠飛的猛禽。這六句是說,作家在構思動筆的時候,必須精神充沛,情思飽滿,這樣寫出的文章才能有風有骨,激動人心,光華新穎,在寫作中風與骨的作用,就等於善飛的猛禽使用兩翼一樣。

故練於骨者,析辭必精,深乎風者,述情必顯⑨。捶字堅而難移,結響凝而不滯,此風骨之力也⑩。若瘠義肥辭,繁雜失統,則無骨之徵也。思不環周,〔索莫〕牽課乏氣,則無風之驗也⑪。昔潘勖錫魏,思摹經典,群才韜筆,乃其骨髓峻也⑫;相如賦仙,氣號凌雲,蔚為辭宗,迺其風力遒也⑬。能鑒斯要,可以定文;茲術或違,無務繁采⑭。

注釋

⑨練於四句——練,熟練,練達。析辭,分析選用辭藻。深,深入,精深。這四句意思是懂得怎樣使文章有骨力的作家,文辭一定選得精當;懂得文章有教化作用的作家,思想感情必然能抒寫得顯豁。

⑩捶字三句——捶,鍛也。捶字,鍛煉辭句,即推敲辭句。堅,即準確有力,不易改動之意。結響,即運用聲律。凝,凝固而不可轉移。滯,不流暢。不滯,流暢而圓韵之意。這三句是說,文章精得難以更換,聲調協調得恰切,文章就具有風骨的力量。

⑪思不三句——環周,即圓滿,周密之意。索莫,神氣死

寂之意。這三句是説,考慮欠周密,内容枯燥没生氣,這就是無風骨的證明。

⑫潘勖四句——潘勖(xù),後漢末年人,字元茂,漢獻帝時爲尚書郎。錫魏,指建安十八年(公元二一三年)時,漢獻帝策命曹操爲魏公,加九錫(賜給九種物品),策文《册魏公九錫文》即潘勖所作。經典,指《尚書》;謂潘文企圖模擬《尚書》文字的古雅。群才,指當時許多作家。韜,隱也,藏也。骨髓峻,謂潘文言辭剛健有力,典雅嚴峻。這四句是説,漢末潘勖寫《册魏公九錫文》,企圖學習經典的文辭,因文辭骨力高超,別人都不敢下筆了。

⑬相如四句——相如,指司馬相如,西漢著名作家。賦僊,賦是著作之意,指相如所作的《大人賦》,因内容寫了很多神僊生活,故稱之爲"僊",據《史記·司馬相如傳》説,漢武帝讀了《大人賦》,非常高興,飄飄然有凌雲之志。氣,指志氣。凌,昇也。蔚,文采華茂。宗,尊崇,宗師。辭宗,作家非常尊崇,堪爲師表。道,動人有力。這四句是説,司馬相如作《大人賦》,漢武帝讀了感到有"凌雲氣",極富文采,成爲辭賦家的模範,就因爲他的風力強勁,感化力量大。

⑭能鑒四句——鑒,明察也。斯要和兹術,皆指風與骨的感染力。定文,即寫作文章。或,有也,若也。務,追求也。這四句是説,能瞭解這個要領,就能寫出好的文章;若違背這個法則,只在文辭上竭盡心力,也是徒勞無益的。

故魏文稱:"文以氣爲主,氣之清濁有體,不可力強而致。"故其論孔融,則云"體氣高妙";論徐幹,則云

"時有齊氣";論劉楨,則云"有逸氣"⑮。公幹亦云:"孔氏卓卓,信含異氣,筆墨之性,殆不可勝"。並重氣之旨也⑯。夫翬翟備色,而翾翥百步,肌豐而力沈也⑰,鷹隼乏采,而翰飛戾天,骨勁而氣猛也⑱;文章才力⑲,有似於此。若風骨乏采,則鷙集翰林,采乏風骨,則雉竄文囿⑳,唯藻耀而高翔,固文筆之鳴鳳也㉑。

注釋

⑮魏文七句——魏文,即魏文帝曹丕。這七句中論文氣的話均見曹丕的《典論·論文》。《典論》一書,包括詩、賦、文百餘篇,均亡佚於宋代。氣,指作家的才智和個性等。清濁,清指才智和個性之清,即俊爽陽剛之氣;濁,指才智和個性之濁,即沈鬱陰柔之氣。體,就是所説的風格。致,達到,求得。孔融,建安七子之一。體氣,體,指文章的風格,這裏的氣,指文章的氣勢。徐幹,建安七子之一。齊氣,舒緩之氣,因爲舒緩是齊地人的習慣。論,指曹丕《與吳質書》中所論。劉楨,建安七子之一。逸氣,超邁不凡之氣,《典論·論文》中説他:"劉楨壯而不密。"這七句是説,文章的氣勢隨作者氣質而定,氣質有剛有柔,那是勉强不了的。他評論孔融風格和氣質都是很卓越的。評論徐幹説常常帶有齊地的舒緩氣質。評論劉楨有高超的氣質。

⑯公幹六句——劉楨所寫的論文早已散失。孔氏,指孔融。卓卓,超衆不群之意。信,確實也。異氣,特異不凡之氣,即《典論·論文》中説的"孔融體氣高妙,有過人者,然不能持

論,理不勝辭。"性,特質,特點,即《典論·論文》中所說的"及其所善"的"善"(優點)。殆,幾乎。旨,旨意,意思。這幾句是說,劉楨對孔融的評論:孔融很杰出,具有不同尋常的氣質,文章的妙處沒有人能趕上。

⑰翬翟三句——翬(huī)翟(dì),翬,五彩的野雞。翟,長尾的野雞。翾(xuān),小飛也。翥(zhù),向上飛。沈,沈沒,低弱野雞。肌豐力沈,肌肉豐滿,力量下沈。

⑱鷹隼三句——鷹隼(sǔn),都是猛禽。翰,高飛也。戾,到達也。這兩句是說,鷹隼不像野雞那樣花麗好看,可是一飛衝天,這是由於它骨力強勁,氣勢猛厲。

⑲文章句——寫作文章的才華和能力。

⑳風骨乏采四句——鷙,猛禽。文翰,文囿,都是文學園地的意思。這四句仍然用比喻說明:有風骨而缺乏文采,同文苑裏的猛禽一樣;有文采而缺乏風骨,如同野雞在文苑中亂竄。

㉑藻耀而高翔二句——藻耀高翔,意為有華美的文采又有飛動的文骨。文筆,文是韻文,筆是散文,這裏泛指文章。鳴鳳,鳴叫的鳳凰。《詩經·大雅·卷阿》:"鳳皇鳴矣,於彼高岡。"這二句是說,有文采又有骨力,才能算得上文章中的鳳凰。

若夫鎔鑄經典之範,翔集子史之術㉒,洞曉情變,曲昭文體㉓,然後能孚甲新意㉔,雕畫奇辭。昭體,故意新而不亂,曉變,故辭奇而不黷㉕。若骨采未圓,風辭未練,而跨略舊規,馳騖新作,雖獲巧意,危敗亦多,豈空結奇字,紕繆而成經矣㉖?《周書》云:"辭尚體要,弗惟好異。"蓋防文濫也㉗。然文術多門,各適所好,明者弗授,學者弗師。於是習華隨侈,流遁忘反㉘。若能確乎正式,使文明以健,則風清骨峻,篇體光華。能研諸慮,何遠之有哉㉙!

注釋

㉒鎔鑄二句——鎔鑄,鎔化並鑄造。翔集,猶詳集,指鳥飛起與落下,指參照與吸取,亦即深入探討而采輯之意。這兩句是說,以經典為楷模而進行創作,並博覽子史群書而選取寫作方法。

㉓洞曉二句——洞,深入也。洞曉,深入瞭解。情變,思想情感的變化。曲,詳盡也。昭,明瞭,瞭解。兩句意思是,通曉情感的變化,明白文章的各種體制……

㉔孚甲句——孚,應作"莩",萌芽,發生。莩是筍中薄膜。甲是種子的外殻。或作"稃甲",稃是米粒的外殻。意思是,(纔能)產生新穎的意思,錘煉出奇特的文辭來。

㉕黷——黑點,即毛病也。作不莊重、浮濫解也可。以上幾句是說,明白了文章體裁,那麼意思新穎也不會選取不適當的文體;通曉寫作上的變化,文辭雖奇特,也不會出現毛病。

㉖紕繆句——紕繆(pī miù),錯誤。經,常也。成經,成為一種常規,一種法式。矣,當作乎。這句意思是說,不應當讓當時只講究用奇特的辭句(做文章)的風尚成為法式而流傳下去。

㉗周書四句——周書指《尚書》中的《畢命》篇。體要,體

現要旨。弗,不。濫,虛浮,不實。意思是說,寫文章用辭要得體恰當,抓住要點,不能只是追求辭句的新奇,防止文辭的濫用。

㉘流遁句——遁,逃也。忘反,忘記體要也。

㉙能研二句——意謂能深入鑽研上面所說的風骨和寫作原則,想達到"風清骨峻,篇體光華"是不會有什麼困難的。

贊曰:情與氣偕,辭共體並㉚。文明以健,珪璋乃聘。蔚彼風力,嚴此骨鯁㉛。才鋒峻立,符采克炳㉜。

注釋

㉚情與四句——意為作家的情思和氣質是相關聯的,作家的語言和風格(體,理解為體裁)是分不開的。後兩句意為,文意明暢而辭氣剛健,才能像珍貴的玉器那樣被人重視。珪(guī)璋,古代行禮時用的玉器。聘,被人禮遇接待。

㉛蔚彼二句——蔚,盛也,引申為強。嚴,嚴格錘煉。骨鯁,指文章骨力。此二句謂,作家應當使自己的作品內容和語言發揮出更強更重要的感染力。

㉜才鋒二句——才鋒,指作家突出的才能。峻立,挺拔,高高樹立。符采,本指玉的橫紋,這裏指文章之美。克,能夠。炳,光彩煥發。

簡評

《風骨》是《文心雕龍》創作論的一個重要組成部分,它和作品的內容、形式、風格、社會作用都有着密切的聯繫。

"風骨"在六朝時是用來品評人物的,最初指一種清高而豪邁的風神氣度。南朝謝赫的《古畫品錄》,用"風骨"來評畫,指的是一種氣韻生動而有骨力的風格。梁袁昂《書評》,在品評書法時,也說蔡邕的書法"骨氣洞達,爽爽有神",又說:"王右軍書法如謝家子弟,……爽爽有一種風氣。"鍾嶸又有"風骨"論詩。把"風骨"作爲文學藝術理論的專用術語,始自劉勰。齊梁以來文學上的形式主義文風嚴重,"風骨"也是針對當時流行的"新奇"、"輕靡"而發的,有力地促進了唐詩的健康發展。

劉勰所説的"風"屬於思想感情,即"志氣"一方面的,也就是説文章思想感情中所顯現的感化人的力量,好像人身上有氣一樣。作家受外界事物的感染,有了深刻的認識和體會,心中就蠢蠢欲動,不寫不行,這樣寫出來的東西才感人肺腑,感化人的力量就是"風"。這種力量是藉助文辭即作品的語言而來的,所以"骨"就是指文辭而言,它有賴於作家對文辭的高度錘煉和精巧的組織安排。它是由端莊正直、精當剛勁的文辭體系中所顯現出的一種骨力。"骨"和"辭"的關係,相似於"風"和"情"的關係。它包含於辭中,"辭"是其外表,借"辭"顯現,不能脱離"辭"而孤立存在。"辭"之外,無所謂"骨"。但"骨"和"辭"又不是完全等同的。"辭"好比人的形體,"骨"好比支撐形體的骨架。"沈吟鋪辭,莫先於骨",任何鋪辭都含有"骨",但並不是作家一旦鋪辭,必定有"骨"。作家在"沈吟鋪辭"的時候,沒有必要考慮文辭的骨力問題。從上述我們知道了"風"是一種寓於情感的美學的感染力,"骨"是寓於文辭的一種美學感染力。

　　劉勰提出要求是"使文明以健,則風清骨峻,篇體光華。"要想達到這一標準,作家必須"鎔鑄經典之範,翔集子史之術,洞曉情變,曲昭文體。"即依照經書的規範,并且加以鎔煉,學習子史的寫作方法,深入瞭解並通曉文情變化,要明白文章體制的要求,加上事物的感染,才能在創作時靈機一動,寫出新穎的文章,提煉出奇妙的文辭,成爲"風"、"骨"兼備的好作品。

　　劉勰的風骨說,突破了儒家溫柔、敦厚的詩教和所謂雅正的標準,但不能完全擺脫儒家觀念的局限性,他把學習儒家經典,看得高於一切,放在首要地位。作家的生活經歷、思想條件,對作品思想的影響是很大的,這一點劉勰重視不夠,要求不高,這就削弱了他風骨論的價值。總的來說,劉勰的風骨論對當時起着積極作用,對後代創作和批評的發展,產生了良好的影響。特別是他提出作品的內容與形式的統一,是頗有建樹的。

通 變①

　　夫設文之體有常,變文之數無方②。何以明其然耶?凡詩賦書記,名理相因,此有常之體也③;文辭氣力,通變則久④,此無方之數也。名理有常,體必資於故實⑤;通變無方,數必酌於新聲⑥;故能騁無窮之路,飲不竭之源。然緜短者銜渴,足疲者輟塗⑦,非文理之數盡,乃通變之術疏耳⑧。故論文之方,譬諸草木,根幹麗土而同性,臭味晞陽而異品矣⑨。

注釋

　　①《通變》爲原書的第二十九篇。"通"是指繼承說的;"變"是指革新說的。本篇是講推陳出新的問題,表現出劉勰的文學史觀。
　　②設文二句——體,體裁,體制。常,一定的,不變更的。數,指法則,或指風格。無方,無一定之意。是說,文章體裁的基本要求是有一定的,但在寫作中是無一定法則的。
　　③名理句——此句是說,各種體裁的名稱與寫作原理是因襲前代的。
　　④文辭二句——氣力,指風格。久,長久,指生命的長久。

是説,寫作上能推陳出新,生命才能長久,令人感到新鮮。

⑤體必句——資,借鑒也。故實,指前人的作品。故,指前人。此句爲,體裁必須借鑒過去著作。

⑥數必句——酌,斟酌,引申爲"參考"。新聲,新的音樂,指新的作品。此句是説,講到變化一定要參考當代新著。

⑦綆短二句——綆,汲水的繩子。衡渴,即"含渴",口渴。輟,停止也。塗,即"途",路也。輟塗,停止在路上,半途而廢。這兩句用比喻説明,井繩短打不到水而口渴,脚力不够,就會停在半路上。

⑧非文理二句——文理,寫文章的道理。疏,粗疏,不精細。這兩句是説,這並不是創作方法有欠缺,只是不善於變化罷了。

⑨論文四句——論文,論述寫文章。方,方法。根幹,爲復詞偏義,"幹"字無意。麗,附着也。《易·離》"日月麗乎天,百谷草木麗乎土。"同性,共同的性質。臭味,復詞偏義,"臭"字無意。晞,當作"晞"(xī),曬也。異品,不同的品質(性質)。這四句是説,説到創作方法,好比草木似的,根長在土裏,這是草木的共同點;枝葉所受陽光的普照不一樣(有變化),就氣味有差異,成爲不同的品種了。

　　是以九代詠歌,志合文則⑩。黄歌"斷竹"⑪,質之至也;唐歌《在昔》,則廣於黄世⑫;虞歌《卿雲》,則文於唐時⑬;夏歌"雕墻",縟於虞代⑭;商周篇什,麗於夏年⑮。至於序志述時,其揆一也⑯。暨楚之騷文,矩式周人⑰;漢之賦頌,影寫楚世;魏之〔策〕篇製,顧慕漢風;晋之辭章,瞻望魏采⑱。推⑲而論之,則黄唐淳而質⑳,虞夏質而辨㉑,商周麗而雅,楚漢侈㉒而艷,魏晋淺而綺㉓,宋初訛而新㉔。從質及訛,彌近彌澹㉕。何則?競㉖今疎古,風〔味〕昧氣衰也。

注釋

⑩九代二句——九代,指黄帝、唐、虞、夏、商、周、漢、魏、晋(包括宋初)。詠,即詩歌。志合文則,詩歌中言志(感情)相同,而文辭表現不同,或爲文的法則不同。

⑪黄歌句——此指《彈歌》,相傳作於黄帝時,其辭曰:"斷竹,續竹。飛土、逐宍。""宍",古"肉"。黄帝時的《彈歌》樸質。

⑫唐歌二句——唐,即陶唐氏,遠古部落名,堯是其領袖。在昔,可能是《左昔》(?)歌的首句,已失傳。廣,擴大也,引申爲發展之意。於,此也。唐堯時的《左昔》歌比黄帝時有所發展。

⑬虞歌二句——虞,即有虞氏,遠古部落名,舜是其首領。卿雲,指相傳的《卿雲》歌,"卿雲爛兮,糺(同糾)縵縵兮。日月光華,旦復旦兮。"文,文采也。虞舜時的《卿雲》歌較唐堯時多了些文采。

⑭夏歌二句——夏,指夏后氏,禹是其部落首領,禹子啓開始建立了奴隸制國家。雕墻,指代《五子之歌》,因其第二首有"峻宇雕墻"之句。《五子之歌》的説法不一,一般認爲啓子太康失國,其兄弟五人各作一首歌,引爲教訓,其原文早已失傳,今所傳者恐爲僞作。縟,采飾繁密也,文采豐富也。夏代的《五子之歌》比虞舜時文采更豐富。

⑮商周二句——篇什,因爲《詩經》中的"雅"、"頌"以十篇爲一"什"(什,輯也),即一卷,故後稱詩篇爲"篇什"。麗,華麗也。商、周兩代時詩篇比夏代又華麗的多。

⑯至於二句——序,叙述也。時,指時世。揆,道理也。其揆一也,其道理是一致的。

⑰暨楚二句——暨(jì),及也,到也。矩式,法度也,規則也。矩式周人,意謂學習《詩經》的規矩法式。後來楚國的騷體以周代詩篇爲楷模。

⑱漢之賦頌六句——影寫,模仿,仿照。顧慕,仰慕。瞻望,仰望,追隨。都是尊崇、學習的意思。漢代的辭賦和頌却又學習了《楚辭》了。魏國文章崇拜漢代風尚;晋代作品,仰慕魏國的文采。

⑲"摧"(què),"榷"的異體字,商榷,商討,探討也。

⑳淳而質——(黄唐時的作品)淳厚而質樸無華。

㉑質而辨——(虞夏時的作品)質樸而明確。

㉒侈——張大也,鋪張也。(商周時代的作品華麗而典雅)楚漢時的作品夸張而華麗。

㉓淺而綺——淺,淺薄也。綺,有花紋的絲綢,引申爲美麗。魏晋時的作品淺薄而奇麗。

㉔訛而新——訛,錯誤也,欺詐也,引申爲不真實。新,新奇也。怪誕而新奇。(劉宋初年的作品)詭誕而新奇。

㉕彌近句——彌,越,更加。澹,淡的异體字,無味,淺薄的意思。(從樸素到不切實際),時代越近,作品味道越澹薄。

㉖競今——競今,爭着學習現在的文風。疎古,疏忽而不學習古代的文風。風昧,當作風末,或作風味,文風趣向末流,離開了根本。

今才穎之士,刻意學文㉗,多略漢篇,師範宋集,雖古今備閱,然近附而遠疎矣㉘。夫青生於藍,絳生於蒨,雖踰本色,不能複化㉙。桓君山云:"予見新進麗文,美而無采㉚;及見劉揚言辭,常輒有得。"此其驗也。故練青濯絳,必歸藍蒨㉛;矯訛翻淺,還宗經誥㉜。斯斟酌乎質文之間,而檃括乎雅俗之際㉝,可與言通變矣。

注釋

㉗才穎二句——穎,才智突出也。刻意,用盡心思。兩句意爲,如今一些有才華的人,都努力學習寫作。

㉘雖古今備閱二句——附,靠近也。兩句意思是,雖然古代的和現代的都看,却是重視現代的浮淺詭誕的作品而遠離古代華麗典雅的作品。

㉙青生四句——藍,植物名,其葉可作青色的染料。絳(jiàng)大紅色。蒨(qiàn),同茜,植物名,其根可作紅色染料。踰,超過也。本色,指藍和茜的顏色。不能複化,謂青和絳的顏色不能再有其它變化了。這四句意思是,青色從藍草裏提取,赤色從茜草中提煉,這兩種顏色都勝過原來的草色,却不能再變化了。

㉚桓君山四句——桓譚,字君山,西漢初年著名學者,著有《新論》一書,下面的話可能是《新論》的佚文。新進,指新進的作家。無采,無可采取之處,即無收穫之意。與下面的"有得"相對稱。劉揚,劉指劉向,西漢末年著名學者;揚指揚雄,西漢末年著名作家,(看了劉揚二人的作品却常常有收穫)。

㉛練青二句——練，將生絲煮熟，使它柔軟潔白。濯，洗滌也。這兩句是説，要想使“青”和“絳”能够“複化”，必須加以煮練和洗滌，重歸“藍”和“茜”的本色才行。

㉜矯訛二句——矯，糾正也，翻，反轉也，推倒也。誥，古代訓誡勉勵的文字，如《尚書》中的《康誥》、《酒誥》等。經誥，泛指經書。以上四句意思是提煉青色和赤色，一定離不開藍草和茜草，要糾正文章不切實際和淺薄的毛病，也要學習經書。

㉝檃括句——檃（yǐn）括，矯正彎曲竹木使之平直的器具。這裏指對原有的文章，著作剪裁改寫。意爲，矯正過雅和過俗，使其雅俗得當。

夫誇張聲貌，則漢初已極，自兹厥後，循環相因㉞，雖軒翥出轍，而終入籠内㉟，枚乘《七發》云：“通望兮東海，虹洞兮蒼天。”㊱相如《上林》云：“視之無端，察之無涯，日出東沼，月生西陂”㊲。馬融《廣成》云：“天地虹洞，固無端涯，大明出東，月生西陂。”㊳揚雄《校獵》云：“出入日月，天與地沓。”㊴張衡《西京》云：“日月於是乎出入，象扶桑於蒙汜。”㊵此並廣寓極狀，而五家如一㊶。諸如此類，莫不相循，參伍因革，通變之數也㊷。

注釋

㉞相因，互相因襲，互相因依。

㉟軒翥二句——軒，古代大夫以上乘坐的輕便車，車廂前

高。有席子障蔽者,引申爲高揚,飛舉。翥(zhù),鳥飛也。軒翥,高飛也。籠內,借指總則,範圍之內,大方向。這兩句意思是,雖然有時高飛出舊的軌道,但最終還得歸入到原來的圈子。

㊱枚乘三句——枚乘,字叔,西漢初著名作家。《七發》是枚乘的一篇有名的賦,假設吴客與楚太子的問答,指出前六代物質享受的事皆不足叙,最後提出只有追求真理才是醫治楚太子心病的方法。下面二句是《七發》中對曲江的夸張描寫。通望,可以一直望到。通望兮,當作通望乎。虹洞,相連也,即天與水相接之意。

㊲相如五句——相如,姓司馬,西漢著名辭賦家。上林,即《上林賦》,與《子虛賦》爲姊妹篇,是描寫帝王貴族田獵之盛,苑囿之大的,最後又寫了些反對浪費淫靡的話。下面四句話是《上林賦》中對池沼的夸張描寫的。沼,水池也。月生,或作"入乎"較好。陂(bēi),池塘,池塘的岸。

㊳馬融五句——馬融,字季長,後漢時的經學家,文學家,《後漢書》有傳。廣成,指《廣成頌》,下面四句是對池沼的夸張描寫。大明,即太陽。出東,或作生東。月生,或作月朔。

㊴揚雄三句——揚雄,西漢末著名作家。校獵,指《羽獵賦》,是寫帝王田獵的。下面兩句是其中對沼澤的夸張描寫。出入日月,是説日月好像在其中出入一樣。沓(tà),回合也,遠也。

㊵張衡三句——張衡,東漢時著名科學家,文學家。西京,指《西京賦》,鋪寫了當時長安東西南北所有官室以及動植物,並寫不少風俗民情。下面兩句也是寫池沼之大的,好像日月出入其中一樣。扶桑,神話中的樹木名,爲太陽的出處。氾

(sì),日落處。於,當作"與"。

㊶廣寓二句——廣寓,廣泛地比喻,極盡地形容。極狀,極力描繪。五家,指枚乘、司馬相如、馬融、揚雄、張衡五人。如一,在夸張描寫上,五人一致。

㊷諸如四句——循,沿襲也。參伍,即三五,錯雜也。參伍因革,是說在因襲和革新上,是參錯運用的,謂既有繼承,又有獨創。數,法則,方法。(舉出五位作家的作品來說明都作了誇張的描寫,互相因襲,有繼承,有革新發展。)

是以規略文統,宜宏大體㊸。先博覽以精閱,總綱紀而攝契㊹;然後拓衢路,置關鍵㊺,長轡遠馭,從容按節㊻,憑情以會通,負氣以適變㊼,采如宛虹之奮鬐,光若長離之振翼,迺脱穎之文矣㊽。若乃齷齪於偏解,矜激乎一致,此庭間之迴驟,豈萬里之逸步哉㊾!

注釋

㊸是以二句——規略,策劃,考慮。文統,(考慮)文章的總體規劃。宜,應當。宏,發揚,引申爲注重。大體,大要,綱領,大的方面。即(掌握)傳統中寫作的要領和原則。

㊹總綱紀句——總,總括也。綱紀,綱要。總綱紀,把握住文章寫作的綱領。攝,攝取,掌握之意。契,證券,引申爲要點。這句是說,在"情覽"與"精閱"的基礎上,總括其要領,並掌握其重點,這是寫作的首要途徑。

㊺然後二句——拓,開拓也。衢(qú),四通八達的道路。

關鍵,指寫作文章的重點。這兩句是說,接着可以打開思路,多方面考慮,但又要有重點。

㊻長轡二句——轡(pèi),駕馭牲口用的繮繩。長轡,放開繮繩。馭(yù),駕馭馬匹。節,節拍也,法度也。這兩句是說,提筆寫作像駕馬遠行一樣,可以從容地,有計劃地按着寫作原則開始了。

㊼憑情二句——憑,依靠着,憑藉着,情,指感情上的愛好。會通,和前人相合者,來繼承它。負,持也,依靠着。氣,氣質也,指個性,風格而言。適變,適應(適合)革新。"會通"、"適變",意思是,繼承前人的創作經驗,施展自己的創新本領。

㊽采如三句——宛,屈曲也,宛虹,彎曲的虹。鬐(qí),馬鬣(liè)也,這裏指脊背言。奮,奮起也,這裏可作"拱起"講。長離,靈鳥也,或謂鳳凰。穎,禾的末端,東西的尖端。穎脱,指有才能的人脱穎而出。這三句是說,文采像彩虹的高拱,光芒像鳳凰展開翅膀,那才算是出類拔萃的作品呢。

㊾若乃四句——齷(wò)齪(chuò),亦作"握齱"、"偓促",器量局狹,這裏是局限之意。矜,自夸也,洋洋得意也。一致,一得之見。庭間,庭院之內。迴,同回,回環旋轉也。驟,馬跑也。逸,奔跑也,快也。逸步,快步跑。這四句意思是,如果局限在偏激(或片面)的看法上,夸耀自己一偏之見,就像在院子裏打馬躏圈子,哪裏像在萬里長途上馳騁呢。

贊曰:文律運周,日新其業。變則〔其〕可久,通則不乏㊾。趨時必果,乘機㊼無怯。望今制奇,參古定法㊽。

注釋

㊿文律四句——文律,寫文章的法則,文章的寫作法則。運周,運行是周而復始的。這裏,一方面指文章的發展是連續不斷的,另一方面帶有循環論色彩。這四句意思是,寫作法則是運轉不停的,每天都有新的成就,善於隨之變革,才能持久,能繼承才不貧乏。

㉛乘機——臨機而變意思。即抓住時機,不要怯懦。

㉜望今二句——看準今天時代的特點和本質以創作出優異的作品,並參考古代佳作,來確定寫作的法則。

簡評

劉勰認爲,文學的發展是有"通"有"變"的,就是有繼承,有革新。各種文體有各自的"名"和"理",也就是說各種文體有自己較爲固定的體制和規則,如,詩不同於賦,賦不同於論說。如"奏議宜雅,書論宜理,銘志尚實,詩賦欲麗。"這些都是有常規可循的,是必須繼承的。"夫設文之體有常","體"就是指"文體""體裁","常"即"常規"、"規則"。"變文之數無方","數"指的是寫作方法以及語言文字的運用能力,無一定之規,是必須革新的,有所革新,才能久遠流傳。在劉勰看來,不同時代,不同作家,要寫的內容不同,各人的思想感情也不同,在"數"的方面可不拘一格,要有獨創。

劉勰主張的變,只是文學形式中文辭可變,至於形式中的體裁是不可變的。關於文學的內容（思想感情），他認爲要"還宗經誥"，必須"徵至立言"，並不以爲可變。

劉勰在強調文學的發展受到時代社會制約的同時，並沒有忽視文學本身的發展規律，這就是他提出的"通"和"變"的辯證關係問題。對於"新"劉勰並不是一味都贊許的，如对于形式主義的"追新"、"訛而新"，他是反對的。

最早提出繼承和革新問題的是揚雄。揚雄説的"因"和"革"，即劉勰的"通"和"變"。但揚雄是指一般文化發展説的，而劉勰是指文學説的，也沒有劉勰論述的精闢全面。對此問題，直至明清之際也沒有人超過他。但劉勰又受"宗經"、"徵圣"觀點的制約，而在實際論述和分析時，却又推翻了他的"宗經"的説教。

怎樣正確地去繼承和革新，劉勰提出的原則是"憑情以會通，負氣以適變"，是説繼承並不是盲目地繼承，而是有目的的，有選擇的，爲了創作新的好的作品才去繼承。"革新"也不是離開內容的標新，不是毫無根據的立新，而是符合文章情志表露的推陳出新。這樣的"革新"才不會出現"訛而新"的形式主義弊端。

由於時代和世界觀的局限，他的繼承和革新的理論也存在一些不足之處，如繼承的範圍比較小，他的"通"和"變"都比較片面，詩、賦、書、記，"名理相因"，是"有常之體"，應該繼承的也就是這些文體的名稱和寫作原理，這也就排除了思想内容方面的繼承，也排除了文體的發展和新興文體的出現。他對六朝以來的形式主義，"訛而新"的惡劣文風的産生，沒有追溯到社會根源和作家的思想根源，都歸結爲當時作家不"宗經"的結果，把"宗經"看作是救治文病的靈丹妙藥，這就表現出他"宗經"思想的局限性。

《通變》一文雖説有一些不足之處，但其中也有許多正確的見解和精闢的論述，在中國文論史上是篇不朽的著作，對今天的繼承和革新的研究，對創作質量的提高，有着借鑒和指導意義。

情 采①

聖賢書辭,總稱"文章",非采而何②?夫水性虛而淪漪結,木體實而花萼振:文附質也③。虎豹無文,則鞟同犬羊④;犀兕有皮,而色資丹漆:質待文也⑤。若乃綜述性靈,敷寫器象,鏤心鳥跡之中,織辭魚網之上,其爲彪炳,縟采名矣⑥。

注釋

①《情采》爲原書的第三十一篇。這裏的"情"指思想感情,即文章的内容;"采"即辭,泛指文章的藝術形式,指文采。本篇着重論述了二者的關係,也就是論述作品的内容和形式的關係。

②聖賢三句——聖賢,古代的聖人賢者,主要指孔子。書辭,著作。采,文采,辭采,即文章的藝術形式。非采而何,没有辭采或形式那還成什麽呢。

③水性三句——水性虛,指水的柔弱透明,流動性。虛,虛弱,柔軟。淪漪,波紋,漪,語氣詞。這句是説,因爲水性虛弱,才產生波紋。實,堅實。萼,花朵下面、最外層的綠葉。振,開放也。附,依附也,附着也。這句是説,因爲樹木堅實才

④虎豹二句——鞟(kuò),亦作"鞹",去毛的獸皮。《論語·顏淵》"虎豹之鞟,猶犬羊之鞟。"這兩句是説,虎豹之皮若没有毛色紋彩,就同狗羊之皮一樣。

⑤犀兕二句——犀,雄犀牛。兕(sì),雌犀牛。它們的皮堅韌,可製兵甲。資,藉助也。兩句意思是,犀牛的皮堅韌,可做兵甲,但要涂上丹漆,才有彩色之美,(可見質地還需要文采去裝飾)。

⑥若乃六句——若乃,轉折語詞,至於也。綜述,有條理、有規律地陳述,即抒寫。靈,指人的思想感情。敷寫,描寫,鋪寫。器象,事物的形象。鏤心,精心刻劃(有細緻、推敲之意)思想感情。鳥跡,即文字。傳説倉頡仿照鳥獸足跡創造文字。織辭,精心組織辭句。魚網,指紙。織辭魚網,在紙上精心組織辭句。《後漢書·蔡倫傳》"倫造意用樹膚、麻頭及敝布魚網以爲紙。"彪炳,指文采鮮明。縟,繁富也。名,當作"明",顯著。這六句歸納到寫作上,(作家)抒寫情感,描摹事物,在文字上用心琢磨,組織成辭句寫在紙上,它所以能光輝燦爛,是因爲文采豐富了。

故立文之道,其理有三:一曰形文,五色是也;二曰聲文,五音是也;三曰情文,五性是也⑦。五色雜而成黼黻,五音比而成韶夏,五情發而爲辭章,神理之數也⑧。

注釋

⑦立文八句——立文,即寫作,創作。道,路,方法。理,玉石的紋路。亦路也。五色,即青、赤、黄、白、黑也。五音,即宫、商、角、徵、羽也。五性,即心、肝、脾、肺、腎所産生的躁、靜、力、堅、智五種性情,或以喜、怒、欲、懼、憂爲五性。這八句是説,寫作有三條不同的道路,有側重於形象色彩者(表形),有側重於聲音韻調者(表聲),有側重於内心情思者(表情)。

⑧五色雜四句——黼(fǔ)黻(fú),古代禮服上的花紋,以此比喻文章的辭藻。比,並列也,謂配合得協調之意。韶夏,古代樂曲,韶是舜樂,夏是夏樂。劉勰認爲這兩種是最美的樂曲。五情,當作"五性"。神理,神妙的道理,即自然之理。數,法則,規律。這四句意思是,各種顔色互相錯雜,構成鮮艷的花紋;各種聲音互相調和,構成動聽的音律;表達出各種情感,就構成各種辭章,這是自然形成的道理。

《孝經》垂典,喪言不文;故知君子常言,未嘗質也⑨。老子疾僞,故稱"美言不信";而五千精妙,則非棄美矣⑩。莊周云,"辯雕萬物",謂藻飾也⑪。韓非云:"艷〔采〕乎辯説",謂綺麗也⑫。綺麗以艷説,藻飾以辯雕,文辭之變,於斯極矣⑬。

注釋

⑨孝經三句——《孝經》書名,是宣揚封建孝道的儒家經典。垂典,傳下訓言。喪言不文,《孝經·喪親章》:"子曰:'孝子之喪親也,哭不哀,禮不容,言不文(飾)。'"常言,平常説話,

平日的言辭。質，質樸無華，與"文"相對。這三句是説，《孝經》教导後人："哀悼父母的話，不要文采"，平常説話是要文采的。

⑩老子三句——老子，姓李，名耳，字伯陽，謚曰聃，春秋時楚人，爲道家之祖。疾，憎惡也。僞，虛華不實。美言不信，語出《老子》八十一章："信言不美，美言不信。"五千精妙，"五千"指《老子》一書，因爲它有五千多字。精妙，指它的文章精練美妙。這三句是説，老子反對虛偽，認爲華麗的語言不可靠，可是他的《道德經》五千言，文辭寫很美，可見他對文采並不一概反對。

⑪莊周二句——莊周，戰國時宋人，我國著名的思想家，爲道家之祖，著有《莊子》一書。辯雕萬物，辯，辯説，雕，雕畫，藻飾。是説詭辯家以辯説雕飾萬物。語出《莊子·天道》。藻飾，夸飾也，意謂詭辯家太過分講究夸飾，（意思是説莊子也講究文采）。

⑫韓非二句——韓非，戰國時韓人，我國著名的思想家，爲先秦法家集大成者，著有《韓非子》一書。艷采，當作艷乎，美麗之意。艷乎辯説是説，縱橫家以巧辯爲美，語出《韓非子·外儲説左上》。綺麗，意思是太過分講究華麗。

⑬文辭二句——意思是説，追求華麗辭藻的變化，用華麗文辭辯説和描繪，到此已達到極點了。

研味〔李〕孝老，則知文質附乎性情⑭；詳覽《莊》、《韓》，則見華實過乎淫侈⑮。若擇源於涇渭之流，按轡於邪正之路，亦可以馭文采矣⑯。夫鉛黛所以飾容,而盼倩生於淑姿⑰;文采所以飾言,而辯麗本於情性。故情者文之經,辭者理之緯;經正而後緯成,理定而後辭暢:此立文⑱之本源也。

注釋

⑭研味二句——李老,當作孝老。這兩句是說,深入體會《孝經》、《老子》所說的意味,可以知道文章的華美與質樸都要附著於作家的性情。文質,偏義復詞,主要指"文"(華美)。

⑮詳覽二句——華實,指形式和内容。把"華實"當作偏義復詞,主要指"華"去理解也可。淫,過分。侈,誇大。這兩句是說,詳細查閱莊周和韓非所說的意思,文章的形式不應該過分的誇張。

⑯涇渭三句——二水名。《詩經·邶風·谷風》"涇以渭濁",這句是說,涇濁渭清之意。但現在的實際情況是涇清渭濁。這裏用清濁和邪正是代表兩種不同的文風,情辭相符者為清為正,辭過於情者為濁為邪。這三句是說,如果在源頭上能分辨出涇渭的清濁,在奔馳的大道上能辨認出正道和邪路,便可駕馭文采了。

⑰鉛黛二句——鉛,是古代婦女用來擦臉用的鉛粉;黛,古代婦女用來畫眉的青黑色顔料。盼倩,盼,指眼睛明亮,流轉;倩,微笑動人。《詩經·衞風·碩人》:"巧笑倩兮,美目盼兮。"淑姿,美好的姿容。兩句意思是鉛黛僅能裝飾人的容貌(外表),顧盼生情,只能從人的天生的美麗姿容中產生。

⑱立文——寫作,創作。立文之本,寫作的根本。

昔詩人什篇,爲情而造文⑲;辭人賦頌,爲文而造情⑳。何以明其然？蓋風雅之興,志思蓄憤,而吟詠情性,以諷其上,此爲情而造文也㉑;諸子之徒,心非鬱陶,苟弛夸飾,鬻聲釣世,此爲文而造情也㉒。故爲情者要約而寫真,爲文者淫麗而煩濫㉓。而後之作者,採濫忽真,遠棄風雅,近師辭賦,故體情之製日疏,逐文之篇愈盛㉔。

注釋

⑲詩人二句——詩人,指《詩經》的作者以及能繼承其傳統的作家。什篇,即詩篇和書篇之意。古人編輯以十爲一卷,故曰"什",什猶輯也。

⑳辭人二句——辭人,指漢代及其後來的辭賦家。賦頌,即辭賦,不是指辭和頌兩種文體,它與上文的"什篇"相對。以上四句(詩人兩句,辭人兩句)是説,詩人寫詩,是抒發情感的;辭人作賦,是爲了寫作虛誇情感的。

㉑風雅五句——風雅,指《詩經》中的《國風》和《小雅》中的勞動人民以及統治階級下層人物的部分作品。志思蓄憤,語出司馬遷《自序》和《報任少卿書》:"詩三百篇,大抵賢聖發憤之所爲作也。"諷,諷諫也。上,指高的統治者。

㉒諸子五句——諸子,指上文的辭人。鬱陶,鬱,憂悶;陶,憂。鬱陶,憂惡鬱積。苟,暫且,聊且,不慎重。鬻(yù);賣也。聲,名聲。鬻聲,索取名聲,換取名聲。釣世,誘騙世人之意。

㉓煩濫——煩,多而亂。濫,虛誇,失實。皆指內容言。

以上十句是借《詩經》説明上者。《詩經》中的"風"和"雅"的創作,作者有情志,懷憂憤,把感情唱出來,規勸上位的人,這是為抒情而創作;辭賦家無激情,為了沽名釣譽而虛造情感,誇大描寫。

㉔體情二句——體,描述也。陸機《文賦》:"賦體物而瀏殼。"制,指著作。兩句是説,抒寫真情的作品日見少了,追求辭藻的作品越來越多。

故有志深軒冕,而汎咏皋壤,心纏幾務,而虛述人外。真宰弗存,翩其反矣㉕。夫桃李不言而成蹊,有實存也㉖;男子樹蘭而不芳,無其情也㉗。夫以草木之微,依情待實,況乎文章,述志為本,言與志反,文豈足徵㉘!

注釋

㉕志深六句——軒,古代官員坐的有圍棚的車。冕,古代帝王、諸侯、卿大夫所戴的禮帽。軒冕,代高官厚禄。汎,廣泛,空泛也。皋壤,皋,沼澤也,皋壤,指山澤隱居的生活。泛咏皋壤,浮汎地吟詠田園隱居的生活。幾,通機,機要也,機密也。機務,指軍國大事。人外,人世之外。真宰,宰,主宰。指作者内在的真情。真宰弗存,没有真實的感情。翩其反矣,《詩經·小雅·角弓》,"翩"是"偏"的錯字;翩其,猶偏偏也。意謂作品所表現的偏偏和其内心相反,指文與志相反。這六句是兩種人無真情實感,文句寫的和心裏想的相反:一種人熱中高官厚禄,却空泛地歌唱田園隱居的生活;一種人一心想着政務,却空説世外的情趣。

㉖桃李二句——《史記·李將軍列傳贊》："桃李不言,下自成蹊。"蹊,小路。這裏是以此比喻有真情真感的文章,人人是喜歡閱讀的。

㉗男子二句——《淮南子·繆稱訓》:"男子樹蘭,美而不芳。"這和上面的例句的意思相反,是説文章沒有真情實感,只有華麗的辭藻,是不能吸引人的。

㉘言與志二句——這兩句是説,如果作家所寫的和自己的情感不一致,這種作品又有什麽意義呢?

　　是以聯辭結采,將欲明〔經〕理;采濫辭詭,則心理愈翳㉙。固知翠綸桂餌㉚,反所以失魚。"言隱榮華",殆謂此也㉛。是以"衣錦褧衣",惡文太章㉜;"賁"象窮白,貴乎反本㉝。夫能設〔謨〕模以位理,擬地以置心㉞,心定而後結音,理正而後摛藻㉟;使文不滅質,博不溺心㊱,正采耀乎朱藍,間色屏於紅紫㊲;乃可謂雕琢其章,彬彬君子矣㊳。

注釋

㉙是以四句——是以,所以,因此之意。明經,當作"明理"。心理,即作家所要説出的道理,即作品的内容。翳(yì),遮蔽也。濫,過多,失實。詭,虛偽,怪異。這四句意思是,寫文章選詞用句是爲了説理抒情,如果文采浮汎,文辭詭異,作品的思想内容就必然模糊不清。

㉚固知句——翠綸,用翡翠鳥毛做的釣魚綫。桂餌,用肉桂做的釣魚食。語出《闕子》:"魯人有好釣者,以桂爲餌,黄金

之鈎,錯以銀碧,垂翡翠之綸,其持杆處位即是,然其得魚不幾矣。故曰:釣之務不在芳飾,事之急不在辯言。"(《太平御覽》卷八三四引)用漁具再華美也釣不到魚,比喻僅有華麗的辭藻,缺乏真實的內容也達不到抒情言志的效果。

㉛言隱二句——《莊子·齊物論》:"言隱於榮(草花)華(木花)。"前句是說,言語的涵義被華麗的辭藻所掩蓋起來了。殆,大概也。後兩句是說,大概就是指的這種情況。

㉜衣錦二句——《詩經·衛風·碩人》:"碩人其頎(身長也),衣錦褧衣。"錦,錦繡的衣服。褧(jiǒng),麻布的單罩衣。惡,厭惡也。章,顯著也。這兩句是說,穿着錦綉華美的衣服,因爲厭惡文采太盛,外面又罩上麻布罩衣。

㉝賁象二句——賁(bì)象,賁卦的卦象。賁卦最後一爻"上九"的卦辭曰:"白賁无咎。"賁,本爲文飾之意。故王弼注云:"處飾之終,飾終反素,故在其質素,不勞文飾而无咎也。"窮白,終於白也,亦即反本之意。因有素質才有彩色,故以素爲貴。反本,裝飾到極點又返回到原來的樣子,用白色做裝飾。

㉞設謨二句——謨,當作"模",模型也。位,放置也。理,指作品內容。擬地,即設計一個地方。心,指中心思想。這兩句是說,寫篇文章要先確定思想內容,定出中心思想。

㉟心定二句——心,指文章中心。結,組織也,構造也。摛(chī),鋪陳也。這兩句是說,所要寫的思想內容和中心思想確定以後,即可組織音節聲律,鋪陳辭藻了。

㊱文不二句——滅和溺,都是淹沒之意。這兩句是說,華美的文辭不能掩蓋住思想內容。博,多也(指內容多)。內容多也不能淹沒掉中心思想。

㊲正采二句——正采,即正色(青、黄、赤、白、黑)。耀,顯耀也,鮮明也。間色,即雜色,是兩種正色相合而成的顏色。屏,棄去也。紅紫,當作"青紫"。這兩句是說,要使朱、藍等正色光大顯耀起來,遺棄青、紫等雜色。也就是要發揚正派的文風,丟掉形式主義的不正派的文風。

㊳乃可二句——乃,才,就。雕琢,修飾也。章,文章,篇章也。彬彬,亦作斌斌,文質兼備也。君子,這裏指作家。《論語・雍也》:"質勝文則野,文勝質則史,文質彬彬,然後君子。"這兩句是說,這樣纔可以稱得起善於寫作的文質兼備的作家。

贊曰:言以文遠,誠哉斯驗㊴。心術既形,英華乃贍㊵。吳錦好渝,舜英徒艷㊶。繁采寡情,味之必厭。

注釋

㊴言以二句——《左傳・襄公二十五年》:"言之無文,行而不遠。"說話不藝術,沒有文采,是不能出使到外國的。這裏是說,文章的語言因爲有文采才能流傳得久遠,這話實在是可以得到驗証的。

㊵心術二句——心術,指作家的思想感情。贍,豐美也。這兩句是說,作家的思想感情能很好地表達出來,文辭才能顯出豐美。

㊶吳錦二句——渝,變也。舜英,即木槿花,朝開暮落,有花無實。這兩句是說,吳地產的錦繡雖美,其色易變,木槿花雖好看,爲時短暫。

簡評

《情采》一文主要論述了文學藝術的内容和形式的密切關係,按劉勰的説法就是"情"和"采"的關係。他説的"情",不僅指感情,也包括思想品質和道德品質在内,即今天的文章内容;"采"包括"形文"和"聲文",可見"情采"之"采",不僅是顔色方面,也包括聲音方面的韻律,即今之藝術形式。在二者的關係方面,他主張"文附質"、"質待文",一定的形式必須依附一定的内容才能存在;一定的内容必須通過一定的形式才能表現出來。形式是爲内容服務的,附着於内容。用織布爲喻,説明内容是經,是先一位的,形式是緯,是後一位的。這個觀點是貫穿全書的基本觀點。劉勰重視文學的内容,但也不忽視藝術形式。他認爲文學創作是要美的,有文采的,但"采"是有限度的,第一要自然,即要靠本質的純正;第二不能過分,過分則"心理愈翳","翠綸桂餌"形象地説明過分的,不爲文章内容表現服務的華美形式是無益而有害的。有了好的内容而没有完美的外殼,其内容也顯現不出來,正如"虎豹無文,則鞹同犬羊;犀兕有皮,而色資丹漆"。

從事文學創作,是從内容出發或是從形式出發,這是一個根本文題。也是兩條道路問題。劉勰在本篇中提出"爲情而造文"和"爲文而造情"兩種對立的文風,這就找到了當時爭論的根本問題,他對前者作了充分的肯定,並作了詳細、全面而精闢的論述,着重地批判了後者堆砌辭藻,無病呻吟,口是心非的歪風,這對當時和以後的文學創作都有一定的指導意義。

鎔裁①

情理設位，文采行乎其中②。剛柔以立本，變通以趨時，立本有體，意或偏長③；趨時無方，辭或繁雜④。蹊要所司，職在鎔裁；櫽括情理，矯揉文采也⑤。規範本體謂之鎔，剪截浮詞謂之裁⑥。裁則蕪穢不生，鎔則綱領昭暢，譬繩墨之審分，斧斤之劉削矣⑦。駢拇枝指，由侈於性，附贅懸肬，實侈於形⑧。〔二〕一意兩出，義之駢枝也；同辭重句，文之肬贅也⑨。

注釋

①《鎔裁》爲原書的第三十二篇，"鎔"説的是"鎔意"，即提煉作品的主要思想，依據中心思想的需要確定材料的取舍和安排的詳略。主要是進行寫作素材的加工整理。"裁"説的是修辭，就是根據内容的需要，竭力將可有可無的字句刪去，但並非只能刪減，不能鋪陳。本文既説明了鎔裁的重要和原則，又論述了鎔意和修辭的關係。

②情理二句——"情理"，指文章的内容。"設位"與下文説的"立本"相對爲文，意思相同，都是"奠定基礎"的意思，也

· 141 ·

就是"確定作品的基本思想"。"文采"指的是"辭章",即文章的形式。句意是:文章的情理確立了作品的基本思想,作品的文采就是爲表達這種思想而產生的。

③剛柔四句——"剛柔"指的是文章的風格,"雄壯"的是"剛","委婉"的是"柔"。"變通"指文風的變化。參看《通變》中的話:"黃唐淳而質,虞夏質而辨,商周麗而雅,楚漢侈而艷,魏晉淺而綺,宋初訛而新。"可見文風與時代發展的關係。句意是:剛健與柔和的風格取決於作者的基本思想,創作的發展變化要適合時代的需要。

④趨時二句——"趨時"有"與時俱進"的意思。"無方"就是沒有一定的公式。"繁雜"是説文辭的堆砌雜亂。句意是:適時變化沒有一定的公式,文辭就免不了繁雜。

⑤蹊要四句——"蹊"是"路徑",可引申爲"方法"。"要"是關鍵。"司"是主管。"職",主也。"鎔括"是矯正邪曲的器具,作動詞"矯正"意。"情理"指上文的本體。矯,使曲變直。揉,使直變圓。"文采"這裏指繁雜的辭藻。句意是:處理文章繁雜的方法和關鍵,主要在於鎔意和修辭。只有鎔意才能去掉多餘的内容,只有修辭才能刪削蕪雜的辭藻。

⑥規範二句—— 第一句中"規範文體"意思是提煉文章的中心思想。句意是:提煉作品的中心思想,使之合於規範,就叫作鎔意。第二句中"浮辭",意思是浮泛的辭藻。句意是:剪除作品中無用的字句,使之繁簡得當,就叫做修辭。

⑦裁則四句——"蕪穢"意思是繁雜無用的語言。"昭暢"意思是明白曉暢。"審分",這裏當做"畫定去取界限"講。"劉削"有剔除意。句意是,通過修辭就不會出現廢詞贅句了,通過鎔意,主題思想就鮮明了。好比木匠製作器物,先用墨綫畫

定去取的界限,後用斧頭砍去多餘的部分。

⑧駢拇二句——"駢",相並而生。"枝"意爲歧,指五指以外枝生的小指。"附贅(zhuì)",即附生的肉疙瘩。"懸肬(yōu)"即垂着的小瘤子。"侈"是多餘的意思。句意是:連生的拇指和枝生的小指是多餘的,附生的肉疙瘩和垂着的瘤子是肢體所不必要的。

⑨一意四句——"兩出"是重復的意思。"義",指内容。"文"指語言。句意是:一個意思重見叠出,在内容上就好比多餘的手指;同樣的辭藻重復連用,在語言上就好比無用的肉瘤。

　　凡思緒初發,辭采苦雜,心非權衡,勢必輕重⑩。是以草創鴻筆,先標三準⑪:履端於始,則設情以位體;舉正於中,則酌事以取類;歸餘於終,則撮辭以舉要⑫。然後舒華布實,獻替節文⑬;繩墨以外,美材既斲,故能首尾圓合,條貫統序⑭。若術不素定,而委心逐辭,異端叢至,駢贅必多⑮。

注釋

⑩凡思緒四句——"緒"指作家的思路。"權"是秤錘。"衡"是秤杆。"輕重",是偏輕偏重的意思。句意是:凡是創作開始構思的時候,可用的文辭常常苦於雜亂無章;心裏很難像天秤那樣衡量準確,勢必犯偏重偏輕的毛病。

⑪是以二句——"是以",因此。"鴻筆",大作,意思是好文章。"標"是顯出,突出,樹立。"準",是準則。句意是:要想

創作一篇好文章,先要明確構思的三道程序。

⑫履端六句——"履端於始","舉於正中","歸餘於終"三句,都是借用《左傳·文公元年》的文句,這裏只是"首先,其次,最後"的意思。"設情","位體",意思是提出中心思想作爲文章的基礎。"事"指表達思想感情的材料。"取類",指取捨素材。"撮辭"是運用詞匯。"舉要",突出重要内容。句意是:首先提煉中心思想作爲作品的基礎;其次依據中心思想選取寫作的素材;最後是運用扼要的話來表達中心思想。

⑬然後二句——"華"和"文"指的是"辭藻"。"實"指内容。"舒華布實"就是安排華美的詞句來表達内容。"獻替"的意思是"獻辭可替否"。"節文",意思是文中詞句能節省嗎?見《附會》篇。句意是:在完成構思程序後,再來安排文辭表達内容,考慮韻律和文句適當與否。

⑭繩墨四句——"既劉",砍削以後。"條貫",是有條有理。"統序"是"有組織,有次序"。句意是:作者像木匠那樣,把美好的木料上墨綫以外無用的部分砍削去了,所以寫的文章有頭有尾,完美無間,條理分明,層次清楚。

⑮若術四句——"術"是法術,方法,指創作的三道程序。"委"是聽任。"委心逐辭"就是任情任意地追求辭藻。"異端",這裏指"不合中心思想需要的材料和詞句"。句意是:如果創作不按規定的程序去做,而隨心所欲地追逐華麗的詞藻,不符合中心思想的材料和詞句雜亂叢生,文章中無用的、重復的、多餘的話必然很多。

故三準既定,次討字句⑯。句有可削,足見其疎;字不得減,乃知其密⑰。精論要語,極略之體;遊心竄句,極繁之體;謂繁與略,隨分所好⑱。引而申之,則兩句敷爲一章;約以貫之,則一章刪成兩句⑲。思贍者善敷,才覈者善刪⑳,善刪者字去而意留,善敷者辭殊而意顯㉑。字刪而意闕,則短乏而非覈;辭敷而言重,則蕪穢而非贍㉒。

注釋

⑯故三準二句——"三準"指三道程序。討,探討,推敲的意思。句意是:經過構思的三道程序,奠定了寫作的基礎以後,其次便要探討修辭造句。

⑰句有四句——"疎",疏忽,構思不嚴密。"密",嚴密細緻的意思。句意是:如果文章中有些句子可以刪去,足見作者構思粗疏不周;如果連一個字也不能減少,才知道作者構思精細。

⑱精論六句——"論"是議論的道理。"略",簡要。"遊心竄句",這裏指那些"思想豐富,辭藻華麗的作品。"繁","繁縟"。"簡","簡要"。"適分所好"就是説"適合作家性格的愛好"。句意是:議論精深而語言簡明,這是極簡要的文章;思想豐富而文采華麗,這是極繁縟的作品;文章的繁縟與簡要,這是與作者的性格愛好相適合的。

⑲引而四句——"引",拉長。"申",伸展。"敷",鋪陳。"約",縮短。"貫",連貫。句意是:作者可以把兩個句子引申起來鋪張成一章,也可以把一章縮短連貫刪節成兩句。

⑳思贍者二句——"贍",富足,這裏指文思豐富。"覈"是查考,這裏指文風踏實。句意是:文思豐富的人擅長鋪張,文

風踏實的人善於精簡。

㉑善刪者二句——"刪",削除,這裏指精簡字句。"殊",不同。"辭殊",指字句豐富而多樣化。這裏是説用不同的語言去表達同一個意思。句意是:善於精簡的人,字句雖刪而意思仍然保存;長於鋪陳的人,語言豐富多彩而意思更顯豁。

㉒字刪四句——闕(què),缺也。乏,貧乏缺少,這裏指才華不足。"蕪穢"指文辭的雜亂。句意是:如果減少了字句而意思不完整,那是才華不足,語言貧乏而不算踏實。如果鋪陳辭藻而累贅重復,那是文筆拉雜,拖泥帶水而不算豐富。

昔謝艾王濟,西河文士,張〔俊〕駿以爲:"艾繁而不可刪,濟略而不可益",若二子者,可謂練鎔裁而曉繁略矣㉓。至如士衡才優,而綴辭尤繁;士龍思劣,而雅好清省㉔。及雲之論機,亟恨其多,而稱"清新相接,不以爲病",蓋崇友於耳㉕。夫美錦製衣,修短有度,雖翫其采,不倍領袖,巧猶難繁,况在乎拙㉖?而《文賦》以爲榛楛勿剪,庸音足曲,其識非不鑒,乃情苦芟繁也㉗。夫百節成體,共資榮衛;萬趣會文,不離辭情㉘。若情周而不繁,辭運而不濫,非夫鎔裁,何以行之乎㉙!

注釋

㉓昔謝艾六句——謝艾是東晋凉州牧張重華的僚屬。王濟是西晋時的太僕(掌管天子輿馬)。西河,今山西中部。"文士",文人學士即作家。張駿(俊)是張重華的兒子。"練"是熟

悉,精通。"曉"是通曉,明白。句意是:晋代的謝艾和王濟,都是西河地方的文人,張駿認爲謝艾的作品雖然繁縟却不可删削,王濟的作品雖然簡練却不可增加,像這兩位作家,可以説精通了鎔意、修辭的方法,懂得了怎樣繁簡的道理了。

㉔至如四句——"士衡",西晋文學理論家陸機的字。"綴",連結。"綴辭"就是寫作。"士龍"是西晋作家陸文的字。"雅"是日常。"好"是喜愛。"清省"指文筆清澹、簡省的意思。句意是:至於陸機,雖然才華很高,但寫出的作品就嫌文辭過於繁縟;陸雲雖然文才不高,但平時就喜歡文筆簡潔。

㉕及雲五句——"亟"是屢次。"恨"是厭惡。"清新相接",意思是在繁縟的文辭後面接着展現出清澹新奇的筆調。"崇"是推崇敬愛的意思。"友於"相當於兄弟的意思。"蓋"表原因的語氣助詞。"耳",表示罷了的語氣助詞。句意是:等到陸雲評論陸機時,本來厭惡他的作品太繁縟,却偏偏説"繁縟後不斷有清新的文句,所以不算毛病",原因是崇敬哥哥的情面不便説出他的短處罷了。

㉖夫美六句——夫,發語詞。"錦"是彩色的絲織品。"修"是長。翫,欣賞。"巧"指好的。"拙"指差的。句意是:好比用美麗的綢緞做衣服,長短也要有一定的尺寸;即使欣賞錦緞的花紋,也不能在袖口、領子上加一倍。高才的文人還難以避免繁多,何況低能的人呢?

㉗而《文賦》四句——"榛(zhēn)楛(hù)勿剪"見《文賦》中"彼榛楛之勿剪,亦蒙榮於集翠"。"榛楛"是惡木。"翠"是美麗的青羽雀。意思是祇要有美鳥來住,惡木也不必砍去。"庸音足曲",見《文賦》中"故踸(chěn)踔(zhuó)於短垣,放庸音以足曲"。"踸踔"是一足走路。"庸音"指不好聽的音節。

意思是一隻足還可以在低墻上走路,一首歌曲也不妨湊一點平庸的音節。"識",見識。鑒,明鏡,洞察。"艾"是刈(yì)草,拔去惡草,這裏比喻刪去不必要的文句。句意是:陸機在《天賦》中認為"惡木上住有美鳥也不必砍去,好歌中有點平庸的音節也可以湊合"。他不是没有看出文句中的蕪穢,只是難於割愛罷了。

㉘夫百節四句——"百節"指構成人體的骨節和各個器官。"資",憑藉。榮,動脉裏的血。衛,静脉中的血。"榮衛"指血脉。"趣",是旨趣。"萬趣"的意思是"各種各樣的思想和生活情趣。"句意是:各種骨節和器官組成整個身體,都要靠血液來營養;各種思想和生活情趣,都得靠文辭來表達。

㉙若情周四句——"情"是情志,即思想内容。"周"是全,完備。"運"是運行,運用。"濫"是泛濫。句意是:若要文章内容周全却没有多餘的,文辭運用靈活而不蕪雜,不注意鎔意和修辭,怎麽能做得到呢?

贊曰:篇章户牖,左右相瞰㉚。辭如川流,溢則氾濫㉛。權衡損益,斟酌濃淡㉜。艾繁簡穢,弛於負擔㉝。

注釋

㉚篇章二句——牖(yǒu),窗。户牖,比喻作品的各部分。瞰(kǎn),向下看。句意是:總之,作品裏的各部分像門窗似的,必須左右互相配合。

㉛辭如二句——川,大河。溢,過多的水從河床裏流出

來。句意是：文辭好比河床裏的流水，水太多了就會泛濫。

㉜權衡二句——"權衡"，用秤稱出輕重。"濃淡"指文句的詳略或語氣的輕重。句意是：在內容上，應該考慮哪處該增哪處該減；在語言上應該推敲詳略。

㉝芟繁二句——"繁"是多餘的。"穢"是雜亂的。"弛"是"放鬆"，有"減輕"的意思。"負擔"是背在身上的包袱，比喻作者思想上的勞累。句意是：刪除多餘的內容，去掉蕪雜的字句，寫作的負擔就減輕了。

簡評

作者積累了豐富的生活素材有所感悟，就會產生創作衝動，思緒萬千，紛然並出；浮想聯翩，莫知所取；文辭繁多，汨汨而出。如何下筆，成爲難題。本文就是爲解決這種難題而寫的。劉勰提出："鎔裁"就是解決這個難題的主要方法。"鎔"是"鎔意"，就是"規範本體"，也就是提煉作品的思想內容。中心思想明確了，綱舉目張，"綱領昭暢"。"裁"就是修辭，"剪截浮辭"也就是刪削一切不必要的文辭。蕪穢的文辭沒有了，纔能言簡意賅，明白曉暢。

劉勰先就"鎔意"的方法詳細解說，論述了寫作的三項準則：第一設情以位體；第二酌事以取類；第三撮辭以舉要。這三項準則是構思的程序。這個順序是不能錯亂的。因爲只有先確立了思想內容以後，才能依據中心思想的需要去考慮素材的取捨詳略。只有先選定素材以後,才能考慮文辭的安排並加以修飾。也有人把它概括爲寫作的三要素:即"義理、考據、辭章"。

其次說"裁"。劉勰認爲:文辭的表達較比內容的安排更爲多變無常,容易出現雜亂無章的毛病,因此非進行修辭不可。他把修辭比喻爲"截指枝","割肉瘤",要求做到去蕪存精,繁簡適當。不過作者也指出並非只能刪削,不能鋪陳。文中說:"善刪者字去而意留,善敷者辭殊而意顯。"是繁是簡,一定要服從內容的需要。這種形式爲內容服務的主張是很有價值的。

本文對立意、構思、選材、修辭等方面的論述,借鑒了前人的經驗,進行了生動的比喻,可謂深入淺出,言簡意明,對今天從事創作實踐活動的人,或習作者,仍然具有向導的作用。

物色①

　　春秋代序,陰陽慘舒,物色之動,心亦搖焉②。蓋陽氣萌而玄駒步,陰律凝而丹鳥羞,微蟲猶或入感,四時之動物深矣③。若夫珪璋挺起惠心,英華秀其清氣④,物色相召,人誰或獲安?是以獻歲發春,悅豫之情暢⑤;滔滔孟夏,鬱陶之心凝⑥;天高氣清,陰沈之志遠⑦;霰雪無垠,矜肅之慮深⑧。歲有其物,物有其容;情以物遷,辭以情發。一葉且或迎意,蟲聲有足引心⑨,況清風與明月同夜,白日與春林共朝哉⑩!

注釋

①《物色》爲原書第四十六篇。這裏的"物色"即聲色,指的是自然景物,也可以推而廣之説成現實。本篇所論的就是情與景的關係,即文學與現實的關係,亦即從自然現象和文學的關係上,來探討文學反映現實的規律,以及在創作中應該怎樣反映客觀現實的問題。

②春秋四句——春秋,指一年四季而言,也是指時間説的。代,更替也。序,次序也。代序,謂春秋四季往來,依次相替代也。陰,指秋冬言。陽,指春夏言。慘,悲凉。舒,舒展,

暢快。動,指變化言。搖,感動。這四句意思是陰沈給人以淒涼,陽和給人以舒暢,景物變化,人的心情也動盪起來。

③蓋陽氣四句——陽氣,春暖之氣。萌,萌動,開始。玄駒,螞蟻。步,走動。陰律,古代將樂律分陰陽兩種,並以十二種樂律分配於十二個月,但陰律並不全屬於秋冬,這裏只是以陰律來指代陰冷的季節。凝,凝結。丹鳥,即丹良,丹良乃螳螂的轉音。羞,據《大戴禮記·夏小正篇》說:"進也,不盡食也。"謂螳螂到將冷時,捕捉蚊蟲,把吃剩下的儲藏起來以備冬日進食。動物,感動萬物,也包括人在內。這四句是說四季的變化影響著蟲子,當然也影響人,可見四季的影響是很深的。

④若夫二句——珪璋(guī zhāng),亦作圭璋,是古代貴重的玉製禮器,常把它比作高貴的人,這裏可能是比喻作家。挺,挺拔,出衆。惠心,同慧心,即聰慧的心靈。英,傑出也。英華,即英花,花之美者,用以比喻精粹的作家。秀,優異也。清氣,清明的氣質。這兩句是指作家說的,智慧的心靈比美玉更美妙,氣質比花朵更清秀。

⑤是以二句——獻歲,進入新年。《楚辭·招魂》:"獻歲發春兮,汨吾南征。"王逸注說:"獻進。言歲始來進,春氣奮揚,萬物皆感氣而生。"豫,亦悅也。

⑥滔滔二句——《楚辭·九章·懷沙》:"滔滔孟夏兮,草木莽莽。"王逸注說:"盛陽貌也,史記作陶陶。孟夏,四月也。"鬱陶,陶讀作搖,憂思鬱結之意。

⑦天高二句——《楚辭·九辯》:"泬(xuè)寥兮,天高而氣清。"這兩句是說,秋天來了,天高氣清,花謝月落,會勾起人們深藏在心底的情感,而想得久遠。

⑧霰雪二句——霰(xiàn),小雪球。垠(yín),邊際。矜

(jīn)，莊重，端莊。肅，嚴肅。《楚辭·九章·涉江》："霰雪紛其無垠兮。"注⑤⑥⑦⑧大意是説新年、夏季、秋天、冬雪天因爲氣候不一樣，給人的感受也不一樣。新年春氣發，情懷舒暢；夏季陽氣蓬勃，心情煩躁不暢；秋天蕭森，情思陰沈；冬天大雪紛飛，思慮嚴肅深沈。

⑨一葉二句——或，作也許，有，由解。迎，迎合，可引申爲觸動。《淮南子·説山訓》有"見一葉落而知歲之將暮。"這兩句意思是，一葉落引起情思，蟲鳴聲引起感想。

⑩白日句——朝（早晨）與上句的"夜"對文。白日，明亮的陽光。

　　是以詩人感物，聯類不窮；流連萬象之際，沈吟視聽之區⑪。寫氣圖貌，既隨物以宛轉；屬采附聲，亦與心而徘徊⑫。故"灼灼"狀桃花之鮮，"依依"盡楊柳之貌⑬，"杲杲"爲出日之容，"瀌瀌"擬雨雪之狀⑭，"喈喈"逐黄鳥之聲，"喓喓"學草蟲之韻⑮；"皎日""嘒星"，一言窮理；"參差""沃若"，兩字〔窮〕連形⑯：並以少總多，情貌無遺矣⑰。雖復思經千載，將何易奪⑱？及《離騷》代興，觸類而長，物貌難盡，故重沓舒狀，於是"嵯峨"之類聚，"葳蕤"之群積矣⑲。及長卿之徒，詭勢瓌聲，模山範水，字必魚貫⑳，所謂詩人麗則而約言，辭人麗淫而繁句也㉑。

注释

⑪流連二句——流連,依戀不捨。萬象,指一切萬物。際,中間。沈吟,沈思吟詠,有深入探索之意。二句意思是在萬種現象中流連玩賞,在看到聽到中去探究、體察。

⑫寫氣四句——氣和貌,指萬象的神態和形貌。圖,描繪。物,指萬象。宛轉,曲折隨順。采和聲,是視聽到的萬物的色采和音響。屬和附與寫和圖爲對文,亦當爲動詞,故"屬(zhǔ)"有寫作之意;"附"有模仿之意。心,作者的心。徘徊,亦作俳佪,也作裴回,來回走動,這裏是說作者反復用心地探求怎樣能很好地表達事物的聲采。這四句大意是,描寫事物的形狀時,要隨事物的變化而變化,要描繪出景物的感性形象,也要表達出作者對景物的感受。

⑬故灼灼二句——灼灼(zhuó),花之鮮美也。狀,形容。鮮,鮮美,鮮艷。《詩經·周南·桃夭》:"桃之夭夭,灼灼其華。"依依,輕柔也。盡,完全,謂完全表現了。《詩經·小雅·采薇》:"昔我往矣,楊柳依依。"

⑭杲杲二句——杲杲(gǎo),明亮。《詩經·衛風·伯兮》:"其雨其雨,杲杲出日。"瀌瀌(biāo),雨雪盛貌。擬,描寫。《詩經·小雅·角弓》:"雨雪瀌瀌,見晛(xiàn)(晛,日氣,太陽出現也。)曰消。"

⑮喈喈二句——喈喈(jiē),鳥聲和諧也。《詩經·周南·葛覃》:"黄鳥於飛,集於灌木,其鳴喈喈。"逐,追隨,即描繪之意。喓喓(yāo),蟲鳴聲。韻,音節。《詩經·召南·草蟲》:"喓喓草蟲,趯趯阜螽。"趯(tì),跳躍也。阜螽,蝗的幼蟲。

⑯皎日四句——皎,通皦,白也,明亮也。《詩經·王風·

大車》："謂予不信,有如皦日。"嘒,微小也。《詩經·召南·小星》:"嘒彼小星,維參與昴。"一言,一字也。指用皎(皦)和嘒(嘒)各一字以形容日和月也。參差(cēn cī),長短不齊也。《詩經·周南·關雎》:"參差荇菜,左右流之。"沃若,美盛也。《詩經·衛風·氓》:"桑之未落,其葉沃若。"兩字,即參差和沃若。

⑰並以少二句——少,指用詞少。總,概括。多,指意義、內容多。情,神情,神態。貌,外貌,形貌。這兩句是說用很少的詞彙作精煉的描寫,詩人的情感和景物的風貌都寫出來了。

⑱雖復思二句——復思,反復思考。易,更換。奪,消除。這兩句意思是千年來經過作家的思索,也難用其它字來代替(是說灼灼、依依等詞用得絕妙)。

⑲及離騷六句——《離騷》是戰國末年楚國的愛國大詩人屈原的代表作品,這裏借指當時南方文學《楚辭》一書。代興,意謂繼續《詩經》而興起。觸類,猶每類、同類,指事物。長,發展。重沓(tà),重復、繁多,指辭藻。舒,展開,引申爲描寫。狀,指事物的狀貌。嵯峨(cuó é),山高峻。葳蕤(wēi ruí),草木茂盛。

⑳及長卿四句——長卿,司馬相如的字。徒,人,指同類的人。詭,奇特。勢,局勢,即文章的表現形式。瓌(guī),瑰的異體字,美石也,這裏指動聽的音調。此句是說司馬相如等人力求把文章的形式和音調寫得奇特和動聽。魚貫,魚游常成群結隊,這裏是比喻用同類辭藻之多如魚貫也。

㉑所謂二句——這兩句出自揚雄《法言·吾子》:"詩人之賦麗以則,辭人之賦麗以淫。"詩人,指《詩經》的作者。麗則,美麗而有典則。約,簡約。辭人,主要指漢代的辭賦家。淫,

過分。這兩句是說詩人用詞簡練清麗,辭賦家用詞繁多艷麗。

至如《雅》咏棠華,"或黃或白"㉒;《騷》述秋蘭,"綠葉""紫莖"㉓;凡摛表五色,貴在時見㉔,若青黃屢出,則繁而不珍㉕。

注釋

㉒至如二句——雅,指《詩經·小雅》。棠,當作裳,裳裳,猶堂堂也,即花開之盛也。華,即花字。《詩經·小雅·裳裳者華》:"裳裳者華,或黃或白。"

㉓騷述二句——騷,本指《離騷》,是屈原的代表作,這裏代指《楚辭》。秋蘭,秋天的蘭花。這兩句出自《楚辭·九歌·少司命》:"秋蘭兮青青,綠葉兮紫莖。"

㉔凡摛表二句——摛(chī)表,鋪陳,即描繪。五色,指青、赤、黃、白、黑,古時以此五色爲正色,其它色爲間色,這裏泛指各種顏色。時見,即偶見也。

㉕若青黃二句——這兩句是說假若青黃等字常常出現,就顯得繁雜,不足爲貴了。如鍾嶸《詩品序》曾批評謝朓"黃鳥度青枝"一句之中,出現黃青二字是不當的。

自近代以來,文貴形似,窺情風景之上,鑽貌草木之中㉖。吟詠所發,志惟深遠,體物爲妙,功在密附㉗。故巧言切狀,如印之印泥,不加雕削,而曲寫毫芥㉘。故能瞻言而見貌,〔印〕即字而知時也㉙。然物有恆姿,而思無定檢,或率爾造極,或精思愈疎㉚。且

《詩》《騷》所標,並據要害,故後進銳筆,怯於爭鋒㉛。莫不因方以借巧,即勢以會奇,善於適要,則雖舊彌新矣㉜。是以四序紛迴,而入興貴閑;物色雖繁,而析辭尚簡㉝;使味飄飄而輕舉,情曄曄而更新。古來辭人,異代接武,莫不參伍以相變,因革以爲功,物色盡而情有餘者,曉會通也㉞。若乃山林皋壤,實文思之奧府,略語則闕,詳說則繁㉟。然則屈平所以能洞監《風》《騷》之情者,抑亦江山之助乎㊱?

注釋

㉖自近代四句——近代,指晉、宋以來。形似,指寫景物的外貌逼真。窺,窺探,探求。情,神情。鑽,鑽研。之上和之中均無大意義。這兩句是對形似進一步的說明,謂晉宋作家對風景盡力探求其神情,也盡力鑽研草木的外貌,以求寫得逼真。

㉗吟詠四句——志,情志,即思想情感。惟,猶以。體物,描繪事物。功,功效,功績。密附,接近,謂所寫的接近事物。這四句是説一個作家所寫出的詩文,首先要有深刻幽遠的情志,寫物也要寫得美妙、近似。

㉘故巧言四句——印泥,古人封信用泥,然後蓋上印章,如同現在的火漆。切狀,(像印章一樣)切合事物的形狀。巧言,用辭巧妙。雕削,雕刻,描繪。曲寫毫芥,謂事物的細微形貌都可以曲折地描繪出來。

㉙印字句——印,當作即,就也,又接近之意。即字,看到字句。時,時節。憑藉這些文字,就知道季節的變化。

㉚然物有四句——檢，規格。率爾，輕率，粗疏。造，到，達到。造極，達到最好的地步。疎，粗疏之意，謂作品寫得不好。這四句是說，景物形狀不變，思緒沒有框子，有的不經意却達到極妙地步，有的用了心思却差得很遠。（説明思想準確反映事物形象不容易，有高低麤細之分）。

㉛且詩騷四句——標，出色。並，一起，一同，指《詩》《騷》。據，佔據，引申爲掌握。要害，關鍵之意，這裏指景物的要點或特色。鋭筆，指精鋭的作家。怯，害怕，不敢。鋒，鋭利。爭鋭，爭強，爭高上。這四句是説，《詩經》、《楚辭》抓住了景物的要害，寫出了寫景名句，後來才思敏鋭的文筆都不敢較量。

㉜莫不四句——莫不，指後代的大作家沒有不是……。因方，即因襲《詩》、《騷》的寫作方法。借巧，意思是學會了寫作技巧。即勢，就（依據）《詩》、《騷》的局勢（寫作格式）。會奇，意思是在學習《詩》、《騷》之中而創新了一些寫作形式。適要，湊合（並有學習的意思）《詩》、《騷》的寫作要領。

㉝是以四句——四序，即四季。紛迴，紛繁運轉。入興，謂在四季景物變化而有所興感之時。貴閑，以鎮静爲貴。只有鎮静才能心情不亂，有條理有抉擇地進行寫作。

㉞古來六句——接武，武，脚步。接武，足跡相接，即接踵。參(sān)伍，交相錯雜。因革，繼承與革新。功，功績，成功。情有餘，意味深長，含蓄。會通，會合交通。這六句大意是説後人繼承前人，又要革新求變，要達到景物狀貌寫盡而情思不完的地步。

㉟若乃四句——皐，沼澤。奥府，這裏指最能引起文思之地。略語，謂引起文思之後簡略地來説。詳説，謂引起文思之

後繁瑣地來説。這四句意思是山林原野是啓發文思的寶庫，用語簡略了又寫不盡，説得詳細了又繁瑣。

㊱然屈平二句——洞，深入。鑒，瞭解，明察。風騷，猶《詩》、《騷》，這裏是寫作詩文之意。情，這裏可作精神解。這兩句意思是，屈原能深刻領會《風》(《詩經》中的《國風》)、《騷》(主要指楚地民歌)的寫景抒情實質，是靠江山實體的幫助。

贊曰：山沓水匝，樹雜雲合㊲。目既往還，心亦吐納㊳。春日遲遲，秋風颯颯㊴。情往似贈，興來如答㊵。

注釋

㊲山沓二句——沓(tà)，重叠。匝(zā)，環繞。雲合，雲霞聚會。這兩句意思是山水、樹木、雲氣(大自然)，作家認真觀察一番，內心有所感受就要傾吐出來。

㊳目既二句——上句是説作家既對景物反復觀察，下句是説他們的心被感動而要抒發了。

㊴春日二句——遲遲，漫長，舒適。颯颯(sà)，風雨聲。

㊵情往二句——作家投入景物之中，縱目欣賞，有如贈送；景物以其姿色感人，有如回答。

簡評

《物色》篇是專門講情和景關係的。提出"情以物遷，辭以情發"，外界景物的變化影響着人們的思想感情，由感情而發爲文辭，情和景是密切結合着的。怎樣才能貼切地寫景狀物,達到情景交融呢? 劉勰舉出《詩經》中的例子,"灼灼狀桃花之鮮","灼灼"本是明亮的意思,這裏寫桃花在明媚的春天裏綻開,顏色如光似水,鮮艷美麗,作者情趣高昂,喜愛不已,用"灼灼"一詞描繪出桃花的顏色,也蘊含着作者喜悅的心情,這就是情景交融,用辭簡練貼切。同樣用"依依"盡楊柳裊娜的形貌和作者的柔情,這就是抓住了景物的特點,而不是脱離開作者的情思泛泛的形容。

劉勰又提出"物有恆姿,思無定檢"來説明景物形態不變,作者情思各有不同的問題,只要能夠情景相生,從景物的觸發中引出獨特的感受,化爲情思,就可以寫得各具情態。

劉勰主張用簡練的辭句描寫繁富的景物,使詩文情趣盎然,清新,飄飄如微風吹拂,但他並不反對對景物作細緻詳盡的描繪,只要能達到"物色盡而情有餘"的地步,文章才能傳神而感人。

該文對寫景抒情,情景交融的問題,闡述得比較透徹,特別是提出"物色盡而情有餘"的高標準,讓作家去攀登,對我們是很有激勵作用的。但他説《詩經》、《離騷》中的寫景,後來難於跟他們爭鋒,這是説得太絕對了。

夸　飾①

夫形而上者謂之道，形而下者謂之器②。神道難摹，精言不能追其極；形器易寫，壯辭可得喻其真；才非短長，理自難易耳③。故自天地以降，豫入聲貌，文辭所被，夸飾恆存④。雖《詩》《書》雅言，風〔格〕俗訓世，事必宜廣，文亦過焉⑤。是以言峻則嵩高極天，論狹則河不容舠，説多則子孫千億，稱少則民靡孑遺⑥，襄陵舉滔天之目，倒戈立漂杵之論⑦，辭雖已甚，其義無害也⑧。且夫鴞音之醜，豈有泮林而變好⑨？荼味之苦，寧以周原而成飴⑩？並意深褒讚，故義成矯飾⑪。大聖所録，以垂憲章⑫。孟軻所云，"説詩者不以文害辭，不以辭害意"也⑬。

注釋

①《夸飾》為原書的第三十七篇，要想更好地反映客觀現實，表達作者的思想感情，僅憑樸實的語言和想象虛構是遠遠不够的。因此，作者又各以專章論述了比興、剪裁、練字、引典、對偶、夸飾等表現手法。本文用"夸飾"命篇，兼有"誇張"和"修飾"兩方面的意義，也可理解為誇張的修飾手法。作者

認爲：誇張是爲了實現真實，使形象顯明，不能違背真實、誇張失實，提出了"夸而有節，飾而不誣"的要求。

②夫形二句——見《易·繫辭上》，"道"指"構成天地的精氣"，是無形的，抽象的。"器"指物質，是有形的，具體的。句意是：無形體相貌的、抽象的叫做"道"，有形體相貌的、具體的叫做"器"。

③神道六句——"神道"指抽象的道理。"極"，終極，即達到頂點，意思是完全表達出來。"壯辭"就是"誇飾的語言"。句意是：抽象的道理難以描摹，用精妙的語言也不能完全表達出來；具體的事物容易描寫，用誇飾的文辭也可以寫出它的眞相。這不是人的才能有大有小，而是事理本身有難有易。

④故自四句——"降"是"降生"，即產生出來以後。"豫"是"參與"、"涉及"。"被"是及，到達。"恆"有經常，長久的意思。句意是：因此，從開天闢地以後，凡是涉及聲音相貌的事物，只要用文辭表達出來，就有誇張修飾的手法存在。

⑤雖《詩》四句——"雅言"指好的經典性的語言。"風"是風教，即諷諫的方法。"格"是"法規"，即矯正的方法。"訓世"就是教導世人的意思。"事"指舉出的事例。"過"，指超過實際的地方。句意是：即使是《詩經》、《尚書》中經典的語言，用諷諫的方法來教導世人糾正錯誤，列舉的事例應該廣博，因而在文辭上也必然有超過實際的地方。

⑥是以四句——嵩（sōng），高貌。極，達到。舠（dāo），是小船。孑（jié），是單獨一個。見《詩經》中"嵩高維岳，駿極於天"和"誰爲河廣，曾不容舠"句。句意是：《詩經》裏形容陡險的高山，便說到了天上；談論狹窄的河水，便說容不下小船，談及子孫多就說"子孫千億"，形容遺民少就說死的不剩一個

人了。

⑦襄陵四句——"襄"是"上",這裏是漲到……上頭。"滔天"是洪水淹没天空的意思。"戈"指兵器。"倒戈"意思是失敗投降。杵(chǔ)是舂米的槌。前者見《尚書·堯典》,後者見《尚書·武成》。句意是:《尚書》裏講到洪水淹没了丘陵,就有淹没天空的説法;講到殷王被消滅時死人之多就有血流漂杵的記載。

⑧辭雖二句——"已甚",是説法過分誇張的意思。"義"指表達的意思。句意是:這裏説的話雖然作了過分的誇張,但在表達意義上却是没有害處的。

⑨且夫二句——鴞(xiāo)是猫頭鷹。"醜",這裏形容叫聲難聽。"泮(pàn)"是"泮官"即"學官"。"泮林"就是學官旁的樹木。見《詩經·魯頌·泮水》。句意是:猫頭鷹的叫聲本來是難聽的,怎能像《詩經》上説的,因爲它棲在學官邊的樹上叫而變得好聽起來呢?

⑩荼味二句——荼(tú)是苦菜。"周原"是周朝歧山的平原地帶。飴(yī)是糖漿。見《詩經·大雅·緜》中"周原膴膴(肥美),董荼如飴"。句意是:董荼的味道本來是苦的,怎能像《詩經》裏説的,因爲生長在周國的平原上而變得糖漿似的甜呢?

⑪並意二句——"並"是含並。"並意"就是把主觀的思想感情合併到客觀事物中。"襃"是稱贊。"矯"是改正。"矯飾",這裏指矯枉過正的誇飾。句意是:詩人想頌揚學官感化的力量和周朝人恩澤的浩大,所以矯正了原意,作了些過分的誇飾。

⑫大聖二句——"大聖"指孔子。"垂"是留傳下來。"憲

章"是法度。句意是:偉大的聖人孔子把這些話采錄下來,目的在於作爲典章法則流傳後代。

⑬孟柯二句——孟柯是孔子學説的主要繼承者,他的弟子記載他的言論爲《孟子》七篇,這裏所引的話見《孟子·萬章》。"説"是解説。"文"指文采。"辭"指詩句本身。"意"指作品中所表達出來的意思。句意是:孟子曾説過:"解説《詩經》的人,不要因爲拘泥於辭藻而妨害了對詩句的理解,也不要因爲拘泥於詩句本身而誤解了作者的本意。"

自宋玉景差,夸飾始盛⑭。相如憑風,詭濫愈甚⑮。故上林之館,奔星與宛虹入軒;從禽之盛,飛廉與鷦〔鷯〕明俱獲⑯。及揚雄《甘泉》,酌其餘波,語瓌奇則假珍於玉樹;言峻極則顛墜於鬼神⑰。至《〔東〕西都》之比目,《西京》之海若,驗理則理無〔不〕可驗,窮飾則飾猶未窮矣⑱。又子雲《羽獵》,鞭宓妃以饟屈原⑲;張衡《羽獵》,困玄冥於朔野⑳。變彼洛神,既非罔兩,惟此水師,亦非魑魅;而虛用濫形,不其疏乎㉑?此欲夸其威而飾其辭,事義暌剌也㉒。

注釋

⑭自宋玉句——"宋玉、景差"是楚國辭賦家,見《史記·屈原列傳》中"屈原既死之後,楚有宋玉、唐勒、景差之徒者,皆好辭而以賦見稱"。"誇飾始盛"參見《法言·吾子篇》以爲景差、唐勒、宋玉、枚乘"辭人之賦麗以淫",可知從他們開始追求過分華麗的誇飾。句意是:從宋玉、景差起,開始盛行誇飾的

手法。

⑮如風二句——"憑"是憑藉、依據的意思。"風"指宋玉、景差等人的誇飾風氣。"詭濫"是怪異反常,過分失眞的意思。句意是:司馬相如在這種風氣的基礎上變本加厲,怪異失實的文風越來越嚴重。

⑯故上林四句——"上林"是漢天子的園林,即天子的遊獵之所。"館"指修建的樓堂。"奔星"是天上的流星。"宛虹"是彎曲的彩虹。"軒"是窗。"飛廉"是龍雀,傳說鳥身鹿頭。"鷦(jiāo)鷯(liào)"是傳說中的神鳥,形似鳳凰,又稱"焦明"。見《上林賦》。句意是:他寫到林中的高樓,便說天上的流星與彩虹好像進入了他的窗户;寫到捕獲飛禽的衆多,就說龍雀、鳳凰等神鳥都能捕捉得到。

⑰及揚雄六句——揚雄,寫有《甘泉賦》,"甘泉"是秦漢時的離宫。"酌"是挹取,這裏有學習、繼承的意思。瓌(guī),指珍貴奇異的事物。"玉樹",相傳以珊瑚做樹枝,碧玉做樹葉。"顚墜"是下落的意思。參見《甘泉賦》中"翠玉樹之青葱兮"和"鬼魅不能自逮兮,半長途而下顚"句。句意是:後來楊雄作《甘泉賦》,學習相如的誇張手法,爲了描寫東西的奇特就借用玉樹這一珍寶;爲了形容樓閣的高聳,就說鬼神也跌落下來。

⑱至東都四句——"東都"應指班固所寫的《西都賦》,"比目"是魚名,見《西都賦》,中"揄(引也)文竿,出比目"。"海若"是海神名。見張衡《西京賦》中"海若游於玄渚"。"窮",推究。"未窮"是說尚未推究到極點。"則"有"如果……那麼……"的意思。句意是:至於班固《西都賦》裏寫的比目魚,張衡《西京賦》中寫的海若神,如果驗明事理,那麼從道理上講不明白;如果講求誇張手法,那麼也不符合誇張的要求。

⑲又子雲二句——"子雲"是揚雄的字。"宓妃"是洛水之神。"饟（xiǎng）"就是"餉"字，"用酒食款待人"的意思。參見揚雄《校獵賦》中"鞭洛水之宓妃，餉屈原與彭（咸）胥（伍員）"。句意是：又如揚雄寫的《羽獵賦》，説要鞭打洛水之神宓妃，讓她把酒菜送給屈原等人。

⑳張衡二句——"困"是拘留。"玄冥"，水神名。"朔野"是"北方荒野之地"。句意是：張衡的《羽獵賦》裏説，要把水神玄冥囚禁在北方的荒野。

㉑孌彼六句——"孌（luán）"是"柔和"的意思。"洛神"指宓妃。"水師"指玄冥。"罔兩"是水怪。"魑（chī）魅（mèi）"是鬼怪。"虛用濫形"，大意是憑空地過分誇張。句意是：可是那姣好的洛神不是什麽水怪，這個玄冥水師也不是什麽妖魔，這樣憑空地過分誇張，不是一種粗疏嗎？

㉒此欲句——"暌（kuí）剌（lá）"是違背道理的意思。句意是：這不過是想增加聲勢，便不顧事實真相，却顯然違背了情理。

至如氣貌山海，體勢宮殿㉓，嵯峨揭業，熠燿焜煌之狀㉔，光采煒煒而欲然，聲貌岌岌其將動矣㉕。莫不因夸以成狀，沿飾而得奇也㉖。於是後進之才，獎氣挾聲，軒翥而欲奮飛，騰擲而羞跼步，辭入煒燁，春藻不能程其艷；言在萎絶，寒谷未足成其凋；談歡則字與笑並，論慼則聲共泣偕，信可以發蘊而飛滯，披瞽而駭聾矣㉗。

注释

㉓ 至如二句——"氣貌山海"是寫山和海的景象。比如孫公興的《天臺山賦》寫山，木玄虛的《海賦》寫海。"體勢宮殿"是寫宮殿的形狀。如王文考的《魯靈光殿賦》及何平叔的《景福殿賦》。句意是：至於描寫山和海的景象，刻畫宮殿的形狀。

㉔ 嵯峨二句——"嵯峨揭業"形容山的高大。見《魯靈光殿賦》中"嵯峨崔嵬"和"飛陛揭孽"句。"熠(yí)燿"，雙聲連綿詞，光明的意思。"焜(kún)煌"也寫成"炯晃"，光明的意思。分別見《景福殿賦》、《天臺山賦》。句意是：有些賦用"嵯峨"和"揭業"來形容高大，有些賦用"熠燿(同耀)"和"焜煌"來描繪光彩。

㉕ 光采二句——"煒(wéi)煒"形容光彩鮮明。"然"同"燃"，燃燒。"岌(jí)岌"形容極高的山。有高聳危險的意思。句意是：把光彩鮮明寫得好像火光熊熊燃燒，把山勢高險寫得岌岌可危似乎搖搖欲墜了。

㉖ 莫不二句——"因"有依仗的意思。"沿"是沿襲，借用的意思。句意是：(所有這些)沒有不依仗誇張而描寫得如此瑰麗，借用修辭而刻畫得如此奇美啊！

㉗ 於是十二句——獎，助也。"獎氣挾聲"意思是藉助聲氣。"翥"，高飛。"燁燁(yè)"，光輝，繁盛貌。"騰躍"是跳躍。"春藻"就是春天的花。"蹈"是小步慢行。"程"是計量。"萎絕"是枯死。"凋"是零落。"感"是憂傷。"蘊"是積聚含蓄。"滯"是不通暢。"披"是打開。"瞽"是盲人。句意是：由於這樣，後來的才人藉助這種聲氣，想要高飛於青雲之上跳躍奔騰，而以小步慢行為恥。他們寫鮮艷的光輝，春天的花都比不上；如果寫衰竭，冰谷的落葉也很難像它那樣凋零；寫歡欣，

每個字裏都含着笑;寫到悲傷,每個字音都帶着哭。真可以生動而流暢地抒發出內心的感情,並可以使盲人如見其形,而聾子如聞其聲了。

然飾窮其要,則心聲鋒起;夸過其理,則名實兩乖㉘。若能酌《詩》《書》之曠旨,翦揚馬之甚泰㉙,使夸而有節,飾而不誣,亦可謂之懿也㉚。

注釋

㉘然飾二句——"然",表轉折意。"窮"推究到頂點。"心聲"是説內心引起共鳴。"鋒"是鋭利,有強烈的意思。"乖"是違背的意思。句意是:但是如果運用誇飾能突出事物的要點,就能使讀者的內心引起強烈的共鳴;如果誇飾過分而違背情理,就會文辭與事實不合。

㉙若能二句——"酌"這裏有繼承、學習的意思。"曠"是"使……廣大"的意思。"泰"是過多。句意是:如果學習《詩》、《書》中博大精深的內容,去掉司馬相如和揚雄那些過分的誇誕的寫法。

㉚使夸三句——"節"是節制,有分寸。"誣"是"歪曲"、"妄誕"的意思。"懿",美也。句意是:做到誇張而有節制,增飾而不違反事理,那就可以稱作美的作品了。

贊曰:夸飾在用,文豈循檢㉛?言必鵬運,氣靡鴻漸㉜。倒海探珠,傾崑取琰㉝。曠而不溢,奢而無玷㉞。

注釋

㉛夸飾二句——"循檢"是"遵守規則"的意思。"檢",法度,規則。這裏含有清規戒律的意思。"用"是"使用方法"。句意是:誇飾的手法在於使用得適當,寫文章難道能拘泥於清規戒律嗎?

㉜言必二句——"鵬"是大鳥。"運"是運行。參見《莊子·逍遙游》中"鵬之背,不知幾千里也,……是鳥也,海運則將徙於南冥。""鴻"是大雁。"漸"是進。"靡"是"披靡"。句意是:文筆飛舞要像大鵬的運行,作品的氣勢勝似鴻雁的翱翔。

㉝倒海二句——"崐"是崑山,"琰(shàn)"是玉璧。句意是:要像倒海翻江搜尋夜明珠一樣(使用誇張字眼),要像掘倒崑山采取千金璧一樣(修飾文辭)。

㉞曠而二句——"曠",廣大的意思,這裏指"文采紛披"。"溢"是"水過滿而外流",這裏指"文采臃腫"。"奢"指"辭藻繁縟"。玷(diàn)是污點,這裏指"用詞蕪雜"句意是:文彩紛披而不臃腫,辭藻繁縟而不蕪雜。

簡評

本文依據古典文藝創作的實踐經驗,分析事理,列舉正反事例,論述了誇飾的必要性和巨大的藝術力量,並對誇飾手法的運用,提出了如下獨到的見解,值得我們借鑒。

第一,作者提出"文辭所被,夸飾恆存。"就是說,從古至今,凡是用以描寫聲音狀貌,表達思想意志和情感的文詞，都有誇飾手法的存在。比如"嵩高極天"，"河不容舠"，"波浪滔天"，"血流漂杵"，在文辭上雖有超過實際的地方，但對表達的基本意義並無妨礙。在理解時，應該"不以文害辭，不以辭害義"，即不能因一個詞的誇張而影響對整個句子的理解，也不能因爲一句話的誇張而影響對整篇文義的理解。

第二，作者認爲誇張手法應該向《詩》、《書》等古代優秀遺産學習，借誇張來表達作者深廣的用意，要能抓住事物的要點，把文章的主旨凸顯出來，以便更好地打動讀者，發揮出良好的訓世作用。要避免揚雄、司馬相如等人"詭濫愈盛"的缺點。對於誇而不當，顧此失彼，違反事理常情，乃至毫無意義的不能起教育訓世作用的誇張，作者是反對的。

第三，作者說："夸飾在用，文豈循檢。"就是説，誇張手法的運用是不受一般規則所拘束的，往往像大鵬振翅高飛一樣，一飛數千里。比如寫到鮮艷則春花不能相比，寫到蕭條就比荒山寒谷更甚，文辭可以帶着歡笑，語音好像含着哭聲，這樣把作者的内心世界淋漓盡致地顯示出來，從而產生振聾發聵的巨大藝術力量。創作者要正確運用這種手法，必須下一番功夫，應該借倒海探珠，掘山掏玉那樣去尋覓最精彩的字句。

第四，作者對誇張的基本要求是"夸而有節，飾而不誣"。這就是説，誇張增飾的手法是值得運用的，但不是漫無止境的越誇大越好，一定要有節制，不要過分，不能歪曲事理。只有運用得正確、恰當，才能收到良好的藝術效果。

養　氣①

　　昔王充著述，制《養氣》之篇，驗己而作，豈虛造哉②！夫耳目鼻口，生之役也；心慮言辭，神之用也③。率志委和，則理融而情暢④，鑽礪過分，則神疲而氣衰⑤：此性情之數也⑥。

注釋

①《養氣》按《序次》說應該是第二十九篇，放在《風骨》之後。因爲《風骨》的第二段裏，是論"風"、"骨"、"氣"的關係，顯然在《風骨》後邊應是《養氣》。在今本《文心雕龍》中是第四十二篇。論述了生理的血氣，心理的志氣與作品的文氣的關係。

②昔王四句——王充《論衡·自紀篇》裏說，因爲"發白齒落，日月逾邁"，加之"貧無供養，志不娛快"，於是作《養氣》之書十六篇，以爲："養氣自守，適食則酒；閉明塞聰，愛精自保；適輔服藥，引道庶冀；性命可延，斯須不老。""驗己"是依據自己的親身體驗。句意是：東漢初年，王充著書立說，寫了《養氣》十六篇，這是依據自己的體驗而創作的，難道其中說養氣的重要性是憑空虛造的嗎？

③夫耳目四句——"役"是"役使"的意思。"心慮"指用心

思考。"言辭"是用語言表達出來。"神"是"神志"。"用"是"花費"的意思。句意是：耳目口鼻是生理上所役使的器官；用心思考用語言表達出來是要花費神志的。

④率志二句——"率"是遵循的意思，這裏是"順從"的意思。"委和"出自《莊子·知北游》，這裏是"任其自然"的意思。"理融"是道理融洽。"情暢"是心情舒暢。句意是：順從心意任其自然，那就道理融洽而心情舒暢。

⑤鑽礪二句——"鑽"是鑽研。"礪"是"磨礪"。"神"是精神。句意是：鑽研磨礪太過分時，使精神疲憊而氣力衰竭。

⑥此性情句——"性情"這裏指"生理活動"。"數"是"定數"，有"法則"和"規律"的意思。句意是：這是生理活動的規律呀。

夫三皇辭質，心絕於道華⑦；帝世始文，言貴於敷奏；三代春秋，雖沿世彌縟，並適分胸臆，非牽課才外也⑧。戰代枝詐，攻奇飾說⑨；漢世迄今，辭務日新，爭光鬻采，慮亦竭矣⑩。故淳言以比澆辭，文質懸乎千載；率志以方竭情，勞逸差於萬里；古人所以餘裕，後進所以莫遑也⑪。

注釋

⑦夫三皇二句——"三皇"：說法不一，這裏采用司馬貞《三皇本紀》的說法，即庖犧氏、女媧氏、神農氏。"辭質"指語言簡樸。"道華"這裏指的是"紛華盛麗"。見《史記·禮書第一》裏說，子夏"出見紛華盛麗而悅，入聞夫子之道而樂"。句

意是：三皇時代的文章之所以語言簡樸，是因爲那時人們根本沒有紛華盛麗的念頭。

⑧帝世六句——"帝世"，指炎、黃二帝的世代。"文"指"文采"。"敷奏"，是鋪陳排比。"三代春秋"就是"夏商周的史記"。"沿世彌縟"意思是一代比一代文采華麗。"適分胸臆"，意思是只求把心裏的話如實地説出來，並不矯揉造作。"牽課"是"索取課税"。"牽課外才"本來是"藉助外力"的意思，這裏指"修飾文辭"。句意是：夏商周時代，雖然一代比一代講究文采，説話要求鋪陳排比，但只求如實地把內心話説出來，不是藉助於苦心修飾文辭呀。

⑨戰代二句——"枝"，通"技"。"技詐"是"巧詐的伎倆"。"攻奇"是"研討奇計"。"飾説"，修飾言談，即講究説話的技巧。句意是：戰國時代（互相攻伐）運用詭詐的伎倆，所以遊説的策士好研討奇計，愛修飾言談。

⑩漢世四句——"迄"是"到"的意思。"日新"一天比一天新奇。"鬻(yù)"是夸耀的意思。句意是：從漢代到今天（南齊），文章的辭藻一天比一天要求新奇，這樣爭逐光艷，夸耀文采，自然把心思都挖空了。

⑪故淳言六句——"淳"是淳厚。"澆"是澆薄。"懸"是懸殊，不同的意思。"率志"是服從自然。"竭情"是費盡心思。"餘裕"是時間寬餘。"遑"是"閒暇"的意思。句意是：拿三代的淳厚與後世的澆薄相比，文章的質樸與華麗相隔一千年；拿三代的率志與後世的竭情來比較，精神的勞累和安適相差幾萬里；所以，古人著書立説的時間寬餘，後人寫文章就整天沒有閒暇了。

凡童少鑒淺而志盛，長艾識堅而氣衰，志盛者思銳以勝勞，氣衰者慮密以傷神，斯實中人之常資，歲時之大較也⑫。若夫器分有限，智用無涯⑬；或漸鳧企鶴，瀝辭鎸思⑭；於是精氣內銷，有似尾閭之波⑮；神志外傷，同乎牛山之木⑯；怛惕之成疾，亦可推矣⑰。

注釋

⑫凡童六句——"鑒淺"指見識膚淺。"志盛"，志氣壯盛。艾，老也。"識堅"指見識精深。"中人"指一般人。"資"是天賦的資質。"歲時"指不同年齡階段。句意是：一般說，年輕人見識膚淺却意氣壯盛，老年人見識精深，却才氣衰退，氣盛的人思索敏銳受得起勞苦，氣衰的人思考周密因而傷害精神，這是一般人的資質，在不同年齡階段的大致情況。

⑬若夫二句——"若夫"，表示議論的開端。"器分有限，智用無涯"。見《莊子·養生主》中"吾生也有涯，而知（智）也無涯"。"器分"指形體說的，指生命。"智用"指精神說的，指才智。"涯"是水邊，引申作"邊際"。句意是：壽命的長短是有限度的，才智的發揮可以無窮無盡。

⑭或漸二句——"或"不定代詞，指有些人。"鳧"，水鳥，脚短。鶴，有一雙長脚。"瀝辭"，用心血推敲文辭。鎸（juān），是"刻劃"的意思。句意是：有些人因為自己的才力短淺感到慚愧而愛慕他人的智慧優長，所以費盡心血去推敲文辭刻畫思想。

⑮於是二句——"尾閭"是莊子設想的"海水出口處"。見《莊子·秋水》中"天下之水，莫大於海，……尾閭泄之，不知何

時止而不虛"。句意是：於是精神氣力在體内一天天消耗，就像尾閭一樣晝夜不息地把海水流出。

⑯神志二句——"牛山"是齊國的東南山。見《孟子·告子》中"牛山之木嘗美矣，以其郊於大國也，斧斤伐之……牛羊又從而牧之，是以若彼濯濯（無草木之貌）也"。句意是：神明志向受到外部傷害，正如牛山的樹木被斧子砍伐，被牛羊踐踏一樣變成光秃秃的樣子。

⑰怛惕二句——"怛（tǎn）惕（tì）"是"迫促傷害"的意思。"推"是推斷。句意是：因爲摧殘傷害而形成疾病，就可以推斷而知了。

至如仲任置硯以綜述⑱，叔通懷筆以專業⑲，既暄之以歲序，又煎之以日時⑳，是以曹公懼爲文之傷命，陸雲嘆用思之困神，非虛談也㉑。

注釋

⑱至如句——"仲任"，王充的字。《後漢書·王充、王符仲長統列傳》說："（王充）家貧無書，常游洛陽市肆，閱所賣書，一見輒能誦憶……充好論說……以爲俗儒守文，多失其真，乃閉門潛思，絕慶弔之禮，户牖墙壁各置刀筆。"句意是：至於像王充那樣處處設置着筆硯來著書。

⑲叔通句——叔通，曹褒的字。《後漢書·曹褒傳》："曹褒字叔通……博雅疏通；常感朝廷制度未備，慕叔孫通爲漢禮儀，晝夜研精，沈吟專思，寢則懷抱筆札，行則誦習文書，當其念至，忘所之適。"句意是：像曹褒那樣天天懷抱書札來制訂

禮儀。

⑳既暄二句——"暄"是"温暖"的意思。這裏引申作"勞累"。"煎"是煎熬。句意是：既長年勞累，又日夜煎熬。

㉑是以三句——"傷命"是傷害性命的意思。"困神"是"消耗精神"。句意是：所以説，曹公擔心做文章會傷害性命，陸雲慨嘆動腦筋要消耗精神，不是沒有根據的空談呀！

夫學業在勤，〔功庸弗怠〕，故有錐股自歷㉒，〔和熊以苦之人〕；志於文也，則有申寫鬱滯；故宜從容率情，優柔適會㉓。若銷鑠精膽，戚迫和氣，秉牘以驅齡，灑翰以伐性㉔，豈聖賢之素心，會文之直理哉㉕！

注釋

㉒夫學業二句——"錐股"見《戰國策》中蘇秦"讀書欲睡，引錐自刺其股，血流至踵"。"夫"，發語詞。句意是：要搞好學業，必須辛勤鑽研。所以有用錐刺股來策勵自己的人。

㉓至於四句——"文"這裏是"做文章"。"申"是明白。"鬱滯"是内心的抑鬱。"率情"就是直抒胸臆。"優柔"，自由自在。"會"，領悟。句意是：至於寫文章，就是把内心的抑鬱發洩出來，應該從容不迫地抒發真情，自由自在地隨心寫出自己的領悟。

㉔若銷四句——"銷"是"消耗"的意思，引申爲摧殘。"戚迫"是憂愁逼迫的意思，引申爲"挫傷"。"牘"，札也，即後世的紙張。"翰"，筆也。"伐性"見《吕氏春秋·本性》中"命之曰伐性之斧"即"摧殘本性"。句意是：假若摧殘自己的精神，

挫傷自己的志氣，拿着紙著文猶如消耗壽命，揮着筆述志猶如摧殘本性。

㉕豈聖賢二句——"素心"猶言"本心"。"直理"猶言"正理"，引申爲"正路"。句意是：這難道是聖賢著述的本心，後人進行創作的正確道路嗎？

且夫思有利鈍，時有通塞，沐則心覆，且或反常㉖，神之方昏，再三愈黷㉗。是以吐納文藝，務在節宣㉘，清和其心，調暢其氣，煩而即捨，勿使壅滯，意得則舒懷以命筆，理伏則投筆以卷懷，逍遥以針勞，談笑以藥劑，常弄閑於才鋒，賈餘於文勇㉙，使刃發如新㉚，腠理無滯㉛，雖非胎息之〔邁〕萬術，斯亦衛氣之一方也㉜。

注釋

㉖且夫四句——"且夫"表進層的語氣詞。"沐則心覆"見《左傳·僖公二十四年》中"沐則心覆，心覆則圖反"，孔疏引韋昭云："沐則低頭，故心反覆也"；"圖反"大意是"考慮得不恰當"。句意是：況且人在思索時有敏快和遲鈍的分別，人的心情也有通暢和阻塞的不同，比如洗頭時就心思不安定，并且有時出現反常。

㉗神力二句——"方昏"是"正在昏迷"的意思。"黷(dú)"這裏是"胡涂"的意思。句意是：人的精神正昏迷的時候，更是越想越胡涂。

㉘是以二句——"吐納文藝"指"寫詩作文"。"節宣"是有

節制而又因勢利導，這裏有集中思考、疏通文理的意思。句意是：所以創作詩文，必須集中思考，疏通文理。

㉙清和十句——"捨"是放棄，即休息的意思。"壅"是堵塞。"滯"是停止不前。"命筆"是用筆揮寫。"卷懷"是靜坐養心，解除疲倦。"弄閑"和"賈餘"相對爲文，都是指"餘暇的時間"。"才鋒"和"文勇"相對爲文，都是指鋒利的寫作才能。句意是：寫作時使心地清明愉快，氣血通達流暢，感到煩惱就休息，不讓心氣有所堵塞和阻滯。心情得意時暢開胸懷縱筆揮灑，心理鬱悶便放下紙筆靜坐養心，用逍遙自在來解勞累，用談笑自如來醫疲倦，這樣，反會在安閑中顯露創作才華，在餘暇時表現鋒利文筆。

㉚使刃句——參見《莊子·養生主》中"刀刃若新發於硎"。意思是刀刃鋒利，像剛剛從磨刀石上磨出來。句意是：使筆鋒像新磨的刀刃一樣犀利。

㉛腠理句——"腠(còu)理"是"肌肉的脈絡"這裏比作"文氣"。句意是：文氣暢通，一點也沒有阻滯。

㉜雖非二句——"胎息"是煉氣的一種內功。"衛氣"是"養氣"的意思。句意是：這雖然不是做內功的萬應靈藥，却是養氣的一個好方法。

贊曰：紛哉萬象，勞矣千想。玄神宜寶，素氣資養㉝。水停以鑒，火靜而朗。無擾文慮，鬱此精爽㉞。

注釋

㉝贊曰五句——"贊曰"，總結的話。"萬象"指各種各樣

的事物。"玄神"是精神。"素氣"就是"氣血"。句意是：總而言之，天地間的物象紛紜衆多，有勞人們千思萬想。精神是應當珍惜的，人的氣血更應該好好保養。

㉞水停四句——"水停以鑒"參見《莊子·德充符》中"人莫鑒於流水，而鑒於止水"就是"水在靜止時才能照見物影"。"鬱"，茂也。引申有旺盛的意思。"爽"是爽快明朗的意思。句意是：水在平靜的時候才能照見事物，火在不搖晃的時候才最明亮。不要擾亂了文思，要使明朗爽快的精神保持旺盛。

簡評

　　王充依據自己的體驗，創作了《養氣》十六篇。本文借題發揮，論述了生理的血氣，心理的志氣與作品的文氣之間的關係，說明了血氣剛健才能志氣清明，志氣清明才能文氣流暢。這就是本文的主旨。

　　作者認爲戰國以前的作品是順從心意，出於自然，雖講文采，但只求如實地說出内心的話，所以道理融洽而情志暢快。戰國以後，"攻奇飾說"，辭務日新，挖空心思去"争光鬻采"，因"瀝辭鐫思"而消耗氣血，傷害志氣。爲了提醒人們高度重視這樣長年累月、日夜煎熬的不良後果，借曹褒、陸雲之口發出了"爲文傷命，用思困神"的警告。

　　最後作者推出學業在勤，文氣在養的論斷。學習是創作的基礎，必須辛勤鑽研，刻苦自勵。寫文章是發泄内心的抑鬱，應該從容不迫地順情談吐，隨心抒寫；消耗氣血，摧殘志氣是不可取的。從而對症下藥提出了養氣的方法。養氣的方法可以分三階段來理解。第一，在下筆之前"貴在節宣"，即"既有節制，又善於因勢利導"。"有節制"就是要明確中心，集中目標，排除與之無關的雜念。"因勢利導"就是揚長避短，發揮出自己的優勢，使心平氣和，志氣暢達，條分縷析，打好腹稿，做到胸有成竹。第二，在創作過程中，"從容率情，優柔適會"，舒捲自如，並善於用逍遥解除勞累，借談笑及時消除疲憊，保持精力旺盛，從而完成文稿。第三，在文稿完成後，及時補充消耗的血氣，助長志氣，借"弄閑""買餘"，加工潤色，展示自己的才華和銳氣，使文筆得到昇華。這樣，把"養氣"貫穿於寫作的始終。

創作與生理的血氣，心理的志氣自然是有關係的。本文所談的養氣的方法，更是經驗之談，因而對我們是有益的。不過作者把戰國作爲作品好壞的分界綫，流露了厚古薄今的觀點，是不合適的。

附會①

　　何謂"附會"？謂總文理，統首尾，定與奪，合涯際，彌綸一篇，使雜而不越者也②。若築室之須基構，裁衣之待縫緝矣③。夫才〔量〕童學文，宜正體製④，必以情志爲神明，事義爲骨髓，辭采爲肌膚，宮商爲聲氣⑤；然後品藻玄黃，摛振金玉，獻可替否，以裁厥中：斯綴思之恆數也⑥。

注釋

①《附會》是原書的第四十三篇。劉勰所說的"附會"，相當於我們今天所說的文章結構。"附會"就是篇中的"附辭會義"的簡稱，"附辭"是討論對文辭的安排，"會義"是討論對內容的處理。"附辭會義"指作家連輟文辭，會合文意，使之辭多不散，意多不亂，使文章中心突出，條理分明，首尾照應，結構嚴謹，以達到形式和內容的完整統一。

②何謂七句——總文理句，即概括出文章內容的中心思想。統首尾句，統一首尾，使其前後一致。定與奪句，"定"確定之意；"與"給予之意，指保留、增加說的；"奪"是刪削，除去之意。合涯際句，"合"銜接緊密之意；"涯"水邊；"際"前後交

接處，指文意上下相承接的地方。彌綸一篇，即綜合組織全篇成爲一體。雜而不越句，"雜"指文辭、内容兩方面的多而亂。不越，不越出中心思想之外。

③若築室二句——須，必須，應當。基，指地基。構，各部分的組織結構。待，正要。縫緝，縫輟。

④夫才二句——量，或作童，才童，即有才華的少年。學文，學習寫作。宜正，應當正確認識。體製，指組成一篇文章的格局，即下面的"情志"、"事義"、"辭采"和"宫商"四者。

⑤必以四句——這四句是本篇也是全書的主要觀點，它把構成文章的四種因素，按其主次，比作人體的四部分。情志即思想感情，因爲它是文章的根本，比作人的神經中樞（神明）。事義，即文章中所引用的事例和典故，藉以說明道理者，這種具體内容同支撐人體的骨骼一樣，故把它比作骨髓（"骾"是"鯁"的異體字）。辭采，即辭藻和文采，是藉以表現情志的，故把它比作人體的肌肉和皮膚。宫商，代表宫、商、角、徵、羽五種音調，即文章的聲調音節，把它比作人的聲色。

⑥然後四句——然後，指掌握了上面四種原則之後。品藻、品評，評論。玄，赤黑色。振，推敲之意。金玉和玄黄，代表上面"情志"、"事義"、"辭采"和"宫商"四者運用的恰當與否。獻，進用之意。替，廢棄也。否，指不當，不善者，與"可"相對。"獻可替否"選用恰當的，去掉不當的。裁，決定也。厥，猶其。中，適中，適當。斯，這也。綴思，構思也，指寫作。數，法則也。恒數，常用的法則。這四句大意是，對情志、事義、辭采、宫商進行品評，推敲，選取恰當的，去掉不當的，使之恰到好處，這是構思謀篇的常用方法。

凡大體文章,類多枝派,整派者依源,理枝者循幹⑦。是以附辭會義,務總綱領⑧,驅萬塗於同歸,貞百慮於一致,使衆理雖繁,而無倒置之乖,群言雖多,而無棼絲之亂⑨;扶陽而出條,順陰而藏跡⑩;首尾周密,表裏一體:此附會之術也。夫畫者髮而易貌,射者儀毫而失墻⑪,銳精細巧,必疎體統⑫。故宜詘寸以信尺,枉尺以直尋,棄偏善之巧,學具美之績:此命篇之經略也⑬。

注釋

⑦凡大體四句——凡,總共也。大體,大概也。類,大都也。枝,樹木的枝條。派,河水的支流。枝派,比喻文章頭緒繁多。源,本爲水流的源頭,這裏指文章的中心思想。幹,本指樹木的主幹,這裏亦指文章的中心思想。這四句意思是,拿樹木枝條和河的支流作比,文章要理清雜亂,歸結到中心上。

⑧是以二句——務,必須。總,聚集,都。綱領,這裏指中心思想。

⑨驅萬塗六句——驅,驅使。塗,通途,道路也。驅萬塗於同歸,指使文章的衆多內容都要從不同角度表現主題。貞,正,確定。貞百慮於一致,調整作者的各種想法,使之統一在文章的主題之下。乖,不順,不諧調,矛盾。棼(fén),紛亂也。

⑩扶陽二句——"扶陽而出條,順陰而藏跡"兩句是用比喻的手法說明文章應該突出的部分要借陽光下的樹枝,伸出得又高又遠;有些需要削去的部分,要像陰暗處的樹枝一樣隱藏其形跡。

⑪夫畫者二句——謹,慎重,留心。髮,用頭髮作比,比喻文章的細枝末節。易,輕視,忽略之意。貌,面貌,比喻文章的重要部分。儀,注視,望也。毫,毛髮也,亦比喻文章的全局或重要地方。這兩句見《呂氏春秋·處方篇》:"今夫射者儀毫而失墻,畫者儀髮而易貌。"《淮南子·說林訓》亦有類似的話。

⑫銳精二句——這兩句是說,寫作如果只注意細枝末節,必然會失掉大的地方。銳精,深入鑽研之意。"疎","疏"的異體字,忽略,忽視之意。體統,指文章的主要格局。

⑬故宜五句——詘(qū),屈也,縮也,有放棄之意。信,伸也,展開也。枉,亦詘也。直,伸直也。尋,古時八尺爲尋。具,通"俱",全也。具美,即整體美。命篇,使文成篇。經略,謀劃也。這五句是說,寫文章要注意大的方面正確,整體的完美,可以放棄枝節的細巧。這是謀篇的大致安排。

　　夫文變〔多〕無方,意見浮雜,約則義孤,博則辭叛;率故多尤,需爲事賊⑭。且才分不同,思緒各異,或製首以通尾,或尺接以寸附⑮;然通製者蓋寡,接附者甚衆。若統緒失宗,辭味必亂;義脈不流,則偏枯文體⑯。夫能懸識湊理,然後節文自會,如膠之粘木,〔豆〕石之合〔黃〕玉矣⑰。是以駟牡異力,而六轡如琴⑱;〔並駕齊驅,而一弧轂統輻⑲;〕馭文之法,有似於此。去留隨心,修短在手,齊其步驟,總轡而已⑳。

注釋

⑭夫文變六句——多方,或作無方,較好,無一定的法則。

意見,謂人對如何寫作的意見。浮,多也。意見浮雜,對寫作的見解浮泛雜亂,沒有真知。約,簡約也,謂用辭少。義孤,内容孤單。叛,亂也。辭叛,文辭前後矛盾,紊亂。率,草率,指寫作不慎重。尤,過失也,毛病也。需,遲疑也,指下筆寫作多猶豫不決。賊,害也,壞也。《左傳·哀公四十年》二:"子行抽劍曰:'需,事之賊也'。"這六句總的意思是,文章變化方式多,作家理解不同,主張簡略的内容會孤單;主張繁浮的辭語錯雜,前後矛盾;有的草率,毛病很多,有的推敲欠妥,遲疑不決,結果壞了事情。

⑮且才分四句——才分,才能天分也,即才能禀賦。思緒,思路,思考也。製首通尾,謂有的作家提筆開始寫,就計劃好了怎樣結尾。尺接寸附,謂有的作家沒有統盤計劃,寫了一字一句,再接一字一句,一點一滴拼凑成篇。附,增加也。

⑯若統緒四句——統緒,字句章節的銜接處。宗,主也。辭味,指文辭的意味,即文意。義脈,文章意義的脈絡。義脈不流,文義不通暢。偏枯,即偏癱。文體,文章的中心思想。這四句總的是說,如果文章的各種頭緒失去了主綫,文辭意味就會紊亂,情理脈絡不通暢,文章就會半邊癱瘓。

⑰夫能四句——懸,高遠也。懸識,深刻地瞭解。"湊",通"腠";腠理,肌肉的紋理,這裏指寫作的道理。節文,聲調與文辭,指文章的形式和内容。自會,自然會吻合。豆之合黄,此說不詳。

⑱是以二句——駟,古時一車套四馬,故稱一車所駕之四馬,或駕四之車,皆曰駟。牡(mǔ),雄性禽獸。異力,指四馬(即駟)之力不平等。轡(pèi),駕馭牲口的繮繩、嚼子都稱轡。六轡,古時駕車的四匹馬各有兩轡,共八轡,但兩邊的兩匹馬,

內轡繫在車前的橫木上,故駛車者手中只能握六根繮繩,故曰"六轡"。如琴,如琴瑟音調之和諧也。此二句是接着前面說,作家能掌握了寫作原則,寫出來的文章就能各方面諧調一致。語出《詩經·小雅》"四牡,大轡如琴"。

⑲並駕二句——轂(gǔ),車輪中心的圓木。輻(fú),即輻條,是車輪中湊集於中心轂上的直木。這兩句也是把寫作比作不同的車輪,所以能共同前進,是由於車輻都統屬於車轂的緣故。《老子》第十一篇:"三十輻,共一轂。"

⑳去留四句——去,應該刪去的。留,需要保留的。修,長也,指文章篇幅長。短,指文章篇幅短。在手,在作者自己掌握。齊其步驟,謂步調一致,配合得當,而無毛病(矛盾)偏廢之處。總轡,總管馭馬的繮繩,這是寫作得心應手的關鍵。

故善附者異旨如肝膽,拙會者同音如胡越㉑。改章難於造篇,易字艱於代句,此已然之驗也㉒。昔張湯擬奏而再却,虞松草表而屢譴,並理事之不明,而詞旨之失調也。及倪寬更草,鍾會易字,而漢武嘆奇,晉景稱善者,乃理得而事明,心敏而辭富也㉓。以此而觀,則知附會巧拙,相去遠哉!

注釋

㉑故善附者二句——這兩句出自《莊子·德充符》:"自其異者視之,肝膽楚越也。"善符者,善於安排文辭的作者。異旨如肝膽,把不同的意思緊密地聯結在一起。拙會者,拙於處理內容的作者。同音,關係相近的內容。胡越,胡,指北方,越,

指南方。代表疏遠，不相干。同音如胡越，把情調相同的文句寫得各不相關。

㉒改章三句——改章，指修改某些意義不明確，脫離主題，上下文義不銜接的章節。造篇，創作一整篇。易字，更換一個字。代句，重新另造一句。這兩句的意思是，改定一章比寫一篇還難；更換一字比寫一句還難。已然之驗，這已經是證實了的經驗了。

㉓昔張湯十句——《後漢書·倪寬傳》，說張湯（漢武帝時人）爲廷尉（最高司法官），上奏章時，兩次被退回，後來倪寬爲他重新起草，"上寬奏，即時得可。"再却，再次被退回。"虞松草表而屢譴"見《三國志·魏志·鍾會傳》注引《世語》，說晉景王司馬師曾命中書令虞松起草章表，屢不可意，後來鍾會爲定五字，松悅服，以呈景王，王曰：'不當爾（這樣）耶'！"。屢譴，多次被譴責。擬，起草。奏，古時的一種文體，即臣下向君主的上書，多用以彈劾官吏者。表，古時的一種文體，多用以臣下向君主有所陳情者。譴，責備。理事，作事理較好，事件和道理。

若夫絕筆斷章，譬乘舟之振楫㉔；會詞切理，如引轡以揮鞭㉕。克終底績，寄深寫遠㉖。若首唱榮華，而媵句憔悴，則遺勢鬱湮，餘風不暢㉗。此《周易》所謂"臀無膚，其行次且"也㉘。惟首尾相援㉙，則附會之體，固亦無以加於此矣。

注释

㉔若夫二句——這兩句意思不詳。一説，絶、斷都有裁決的意思，指在字句上考慮取舍，可譯爲："至於推敲文句，好比乘船時的划槳。"另一説，絶筆斷章，指詩文結句收尾。可譯爲："至於結句收尾，要像駕船用力來盪槳撐篙一樣，一定得着力去寫。"

㉕會詞二句——切，切合。理，指思想内容。這兩句是説，用詞要恰當，切合内容，好像駕車的人手中握着繮繩而又揮動着鞭子一樣，要配合得當，使其和諧。

㉖克終二句——克，能够。終，結尾。克終，從頭到尾能安排得當。底，陸謂：底，及也；郭謂：底，定也。績，功也。底績，定其功也，意謂才能算寫得好(功績才能確定下來)。寄深寫遠，寄情寫物，意味深遠。

㉗若首唱四句——首唱，指文章開頭。首唱榮華，開頭的文句光彩。媵(yìng)，古時稱陪嫁的人，這裏有"跟隨"的意思。媵句憔悴，意爲接連(開頭)的文句乾癟無力。遺勢，指文章後來的氣勢。鬱，沉悶不暢。湮(yān)，阻塞不通。

㉘此《周易》二句——臀無膚，屁股上沒肉(一説屁股上的肉潰爛)。次且，即趑(zī)趄(jū)，行走難以前進。

㉙相援——首尾相呼應。

贊曰：篇統間關，情數稠疊㉚。原始要終，疎條布葉㉛。道味相附，懸緒自接㉜。如樂之和，心聲克協㉝。

注釋

㉚篇統二句——統,系統。篇統,指文章的前後和首尾的謀篇安章,也就是文章的結構恰當是不容易的。間關,《詩經·小雅·車舝》:"間關車之舝兮。"陳奐疏以爲"以轄設車軸間曰間關。"這裏以"間關"指車舝,車軸上的鐵鍵。篇統間關,就是説篇章統一在中心思想上,爲文章主旨約束,如同車輪要受車轄制約一樣。"叠",通"叠";情數稠叠,文情頭緒復雜繁多。兩句應顛倒一下,"情數稠叠,篇統間關。"

㉛原始二句——這兩是説,(一篇文章)從頭到尾要全盤考慮,猶如樹木的枝葉,疏密要安排得當。

㉜道味二句——上句是説文章内容要前後一致,下句是説字句間,段與段要銜接,首尾照應。

㉝如樂二句——克,能够也。協,協調一致。這兩句用比喻説明:就像和諧的音樂一樣,作品的辭氣文理一定能够協調。

簡評

本文從内容决定形式出發,"會"决定"附"。就是義、辭的取捨,韻律的選用,段落層次的安排,都是圍遶"會"(文章主旨)去考慮,使文章環環相扣,意思銜接,首尾照應,文氣暢通,成爲一個完整的整體。他説"情志爲神明,事義爲骨鯁,辭采爲肌膚,宫商爲聲氣。"用"乘舟之振楫,引轡以揮鞭"作比,説明文章的中心思想統領一切。

"附會"是一個作家在創作構思前必不可少的一

步。雜亂的材料擺在作者的面前，如何去安排編制這些材料，使這些成文的因素，多而不亂，雜而有序呢？這要看作者在"會義"的指領下怎樣去"附辭"了。劉勰用"築室基構""裁衣縫輯"作比，充分說明"附會"對創作的重要性。劉勰明確指出"集中主題"是"附辭""會義"的前提，指明文章所需要的各種因素在文中的地位、作用和相互間的關係，要考慮條理系統和取舍問題，強調從全篇出發"一轂統輻"、"製首通尾"，反對忽視內容，忽視集中主題而"敷飾文采"的做法。他的主張抨擊了當時駢麗文風，對今天的寫作大有借鑒和指導意義。

時　序①

　　時運交移,質文代變,古今情理,如可言乎②！昔在陶唐,德盛化鈞,野老吐"何力"之談,郊童含"不識"之歌③。有虞繼作,政阜民暇,熏風〔詩〕詠於元后,"爛雲"歌於列臣④。盡其美者何？乃心樂而聲泰也⑤。至大禹敷土,九序詠功⑥,成湯聖敬,"猗歟"作頌⑦。逮姬文之德盛,《周南》勤而不怨⑧；大王之化淳,《邠風》樂而不淫⑨。幽厲昏而《板》《蕩》怒,平王微而《黍離》哀⑩。故知歌謠文理,與世推移,風動於上,而波震於下者也⑪。

注釋

①《時序》是原書的第四十五篇。它主要探討了文學發展與時代關係問題,表現了劉勰的文學史觀。它比較全面地叙述了自陶唐至齊代的文學發展過程(陶唐——即陶唐氏,遠古部落名,堯為其領袖。或謂堯初封陶,後徙唐,故稱陶唐)。

②時運四句——運,運行也。交,交接也,接受也。交移,交替變化。移,改變。質文,內容與形式,或解作質樸與文采。代變,每個時代都有變化。情理,指寫作的情況和道理。如,

好像,作"應當"講亦可。

③昔在四句——陶,古邑名,在今山東定陶西北,據傳堯初居此地,故稱陶唐。德盛,功德很大。化,教化也。鈞,通"均",等同也,即普及之意。《何力》,指《擊壤歌》,相傳帝堯時,天下太平,百姓無事,有老人擊壤而歌曰:"日出而作,日入而息,鑿井而飲,耕田而食,帝力於我何有哉!"含,吟也。二字可以通假。不識,指《康衢謠》,相傳堯微服(微服,穿平民的衣裳)游於康,聞兒童謠云:"立我蒸(衆也)民,莫匪爾極(都能合中正之道),不識不知,順帝之則(法則也)。"

④有虞四句——有虞氏,有,助詞,無義,遠古部落名,居於蒲阪(今山西永濟西蒲州鎮),舜乃其領袖。繼,繼堯。作,起也。阜,盛美也。瑕,安閒也。熏風,指《南風歌》,相傳舜彈五弦之琴,歌南風之詩:"南風之熏兮,可以解吾民之愠兮。南風之時兮,可以阜吾民之財兮。"詩,當作"詠"。元后,君主也(元,大也,首也。后,君也),指舜。爛雲,指《卿雲歌》:"卿雲爛兮,糾縵縵兮。日月光華,旦復旦兮。"卿同慶,即彩雲,古以爲祥瑞之氣。列臣,群臣。

⑤盡其二句——美,贊美也。盡其美,即"其盡美",意謂這些都是贊美的詩。泰,安然也,舒暢也。心樂,人心快樂。

⑥大禹二句——禹,夏后氏部落領袖,姒姓,名文命,又稱大禹,夏禹。敷,分佈也。敷土,爲分治九州水土也。九序,謂九種政事(金、木、水、火、土、穀、正德、利用、厚生)都有次序。這兩句是説,當禹治理國家的時候,各項事情都有次序地做得很好,故大家作歌來頌揚他的功績。

⑦成湯二句——成湯,商朝開國之主,子姓,名履,或稱武湯,武王,天乙等。聖,英明也。敬,謹慎嚴肅之意。猗歟,指

《詩經・商頌・那》篇,因爲"那"(讀"挪")的第一句是"猗歟那歟"。猗,嘆詞。那,多也。作頌,作詩歌歌頌成湯。

⑧逮姬文二句——逮,及,到,等到。姬文,周文王姬昌。相傳黃帝居姬水,因以爲姓;而周人爲黃帝之後,故姓姬。周南,爲《詩經》中十五國風的第一部分,多爲漢江一帶的民歌。勤,心企望之也。這兩句話是説,周文王因有大德,而江漢之民皆受其教化,家中婦女對行役的丈夫心中極其企望他歸來,但無怨恨之意。

⑨大王二句——大王,即太王,周文王的祖父,名古公亶父,初居豳,後因戎狄所侵,遷於岐山之下。邠風,即豳風,是《詩經》中十五國風中的最後一部分,多爲豳地的民歌。淫,過度也。

⑩幽厲二句——幽厲,是西周末年兩個昏暴君主。幽王,名宫涅,犬戎入侵,被殺,西周結束。厲王,名胡,幽王的祖父,因殘暴西周人叛之。《板》、《蕩》,是《詩經・大雅》中兩篇詩名,都是諷刺周厲王的。幽王是連帶提及的。平王,名宜臼,幽王之子,東遷洛陽,是爲東周。微,衰敗也,指周王朝不振。《黍離》,指《詩經・王風・黍離》篇,相傳《黍離》篇是説東周大夫行役,路過宗周,見宗堂廟宫室盡爲禾黍,心中悲傷而作此詩。

⑪故知四句——文理,歌謠寫作之理。世,時代也。風,比作世。波,比作文學。(後兩句説明文學受統治者政治教化的影響)。

　　春秋以後,角戰英雄,六經泥蟠,百家飆駭⑫。方是時也,韓魏力政,燕趙任權;五蠹六蝨,嚴於秦令⑬;

唯齊楚兩國,頗有文學,齊開莊衢之第,楚廣蘭臺之宮⑭,孟柯賓館,荀卿宰邑⑮;故稷下扇其清風,蘭陵鬱其茂俗⑯,鄒子以談天飛譽,鄒奭以雕龍馳響⑰,屈平聯藻於日月,宋玉交彩於風雲⑱。觀其艷說,則籠罩《雅》《頌》,故知曄燁之奇意,出乎縱橫之詭俗也⑲。

注释

⑫角戰三句——角,争奪也。蟠(pán),盤曲而伏也。泥蟠,是説如龍一樣盤曲而伏於泥中,不被人所重視。飈(biāo),暴風也。駭,馬驚,這裏是令人喫驚之意。

⑬方是時五句——方,正當也。力政,政與"征"通,即力征,即用武力相征伐。或爲力政,即以武力爲政。任權,即任用權術,或權謀。五蠹,《韓非子》中的篇名,指學者、言談者、帶劍者、患(讀爲"串",近也)、御者(近侍之臣)、商工之民五種人。六蝨,出自《商君書·靳令》篇,據高亨先生注譯本爲:禮、樂;詩、書;修(賢也)善、孝悌;誠信、貞廉;仁、義;非兵、羞戰六種對社會的病害。嚴於秦令,謂秦之法令嚴格禁絶五蠹和六蝨。

⑭齊開二句——莊,衢,皆四通八達的道路。第,深宅大院之意。廣,擴大也。蘭臺宫,相傳在湖北省鍾祥縣。宋玉《鳳賦序》:"楚襄王游於蘭臺之宫。"齊楚二國所以如此,以廣招納文人學士。

⑮孟柯二句——孟柯,字子輿,戰國時鄒人,著有《孟子·公孫醜下》。趙歧注:"孟子雖侍齊,處賓師之位。"賓師,古時指不居官職而爲君主尊重的人。故這裏説"賓館"。荀卿,名

況,戰國時趙人,著有《荀子》,爲我國著名思想家。初游於齊,後至楚,爲蘭陵令。宰,主宰也。邑,城邑也。因荀子爲蘭陵令,故這裏説"宰邑"。

⑯稷下二句——稷下,戰國時齊國都城臨淄有一城門名曰稷門,是當時學者聚集討論問題的地方。扇,與"搧"通,搧動也。鬱,積結。茂,美盛也。

⑰鄒子二句——鄒子,即鄒衍,《史記》作"騶衍"。戰國時齊國臨淄人,爲稷下學者之一,好談天論地,故時人稱他爲談天衍。騶奭(shì),戰國時齊人,也是稷下學者之一,有文才,言談重文采,但輕實用,好雕飾,故時人稱他爲雕龍奭。

⑱屈平二句——屈平,即屈原。聯藻,聯,連接也,藻,辭藻也。聯藻,指作品而言。於日月,比之如日月。宋玉,戰國時楚人,屈平弟子,當時著名作家。宋玉寫有《風賦》,又有以寫朝雲爲主的《高堂賦》。交彩,文采交錯也,即文采很盛之意。

⑲觀其四句——其,指屈平,宋玉。艷説,美麗的言辭之意。籠罩像籠子一樣罩着,引申有超過之意。雅頌,《楚辭》中的《二雅》和《三頌》,這裏是指《詩經》而言。暐(wěi)燁(yè),光輝燦爛也。奇意,即幻想。縱橫,指善於辯説誇張以取悦人的縱橫家。詭俗,奇異的風尚。

爰至有漢,運接燔書⑳,高祖尚武,戲儒簡學。雖禮律草創,《詩》《書》未遑,然《大風》《鴻鵠》之歌,亦天縱之英作也㉑。施及孝惠,迄於文景,經術頗興,而辭人勿用;賈誼抑而鄒枚沈㉒,亦可知已。逮孝武崇儒,潤色鴻業,禮樂争輝,辭藻競騖㉓:柏梁展朝讌之詩,金堤製恤民之詠㉔,徵枚乘以蒲輪,申主父以鼎食㉕,擢公孫之對策,嘆倪寬之擬奏㉖,買臣負薪而衣錦,相如滌器而被繡㉗;於是史遷壽王之徒,嚴終枚皋之屬㉘,應對固無方,篇章亦不匱㉙,遺風餘采㉚,莫與比盛。

注釋

㉚爰至二句——爰,於是。有,語助詞,無義。燔(fán),焚燒也。燔書,指秦始皇焚書。

㉑高祖六句——高祖,指漢高祖劉邦。尚武,崇尚武事也;戲儒,戲弄儒生也。簡學,輕視學術也。《史記·酈食其傳》:"沛公不好儒,諸客冠儒冠來者,沛公輒解其冠,溲溺其中。"《史記·陸賈傳》:"高祖罵之曰:'乃公居馬上得之,安事詩書。"禮律,據《漢書·禮樂志》:"漢興,撥亂反正,日不暇給(足也),猶命叔孫通制禮儀,以正君臣之位。"又《漢書·刑法制》:"於是相國蕭何捃摭秦法,取其宜於時者,作律九章。"草創,事情開始去做。遑,閒暇也。大風,即《大風歌》,據《史記·高祖本紀》,高祖既定天下,還過沛,與故人父老同飲,酒酣,乃擊築歌曰:"大風起兮雲飛揚,威加海内兮歸故鄉,安得猛士兮守四方。"鴻鵠,即《鴻鵠歌》,據《史記·留侯世家》,高祖欲立戚夫人子趙王如意,見太子羽翼已就,不果,戚夫人涕泣,高祖曰:"爲我楚舞,我爲若楚歌:'鴻鵠高飛,一舉千里,羽翮已就,橫絶四海。橫絶四海,當可奈何!雖有繒繳,尚安所施!'"天縱,天使之也。(繒與"矰"通,亦作"矰繳")

《文心雕龍》選講

㉒施及五句——施(yì),延續也。孝惠,漢惠帝,名盈,高祖之子。迄(qì),到也,至也。文景,即漢文帝和漢景帝,文帝名恒,高祖之子;景帝名啓,文帝之子。辭人,即文學家。勿用,不被重用。賈誼,西漢文學家,文帝時,誼爲博士,一歲中超遷至大中大夫。後來賈誼欲改革制度,受到朝臣的誹謗,文帝便疏遠了他,貶爲長沙王太傅。鄒枚沉,指鄒陽、枚乘,鄒陽曾在梁國被讒下獄。枚乘在景帝時爲弘農都尉,後以病去官。

㉓逮孝武四句——孝武,即漢武帝,名徹,景帝之子。潤色,加以修飾粉飾也。辭藻,指文學,寫作之事。騖(wù),馬疾馳也。

㉔柏梁二句——柏梁,指《柏梁詩》,傳說漢武帝作柏梁臺(以香柏爲臺)歡宴群臣,每人一句,句句用韻,爲七言之祖。沈德潛《古詩源》以爲"後人擬作"。金堤,指瓠子堤,據《史記·河梁書》,武帝時,黃河決口於瓠子(今河南濮陽縣),帝親臨塞之,因作歌有"皇謂河公兮何不仁,泛濫不止兮愁吾人"之句,故稱恤民之歌。

㉕徵枚乘二句——徵,聘請也。蒲輪,用蒲草裹車輪,使坐者少顛簸之苦。申,陳也,致也。主父,姓也,名偃,臨淄人,曾爲齊相。鼎,三足兩耳的烹飪之器(又盛菜之器)。鼎食,列鼎而食,謂食物豐盛之意。

㉖擢公孫二句——擢,提昇。公孫,姓也,名弘,字季齊,武帝初爲博士,後因對策第一,累遷丞相,封平津侯。對策,指弘的《舉賢良對策》。嘆,讚嘆也。倪寬,千乘(今山東高青北)人,曾任左内史,後任衛史大夫,與司馬遷等共同制定"太初曆"。擬(起草)奏,指張湯爲廷尉時,奏文已再見却,掾(yuàn)史莫知所爲。寬爲言其意;掾史因使寬爲奏,成,讀之皆服,以

198

白廷尉湯。異日湯見武帝,問曰:"前奏非俗吏所及,誰爲之者?"湯言倪寬。上曰:"吾固聞之久矣。"(見《漢書·倪寬傳》)。

㉗買臣二句——買臣,即朱買臣,字翁之,吳縣(江蘇蘇州)人,武帝時爲會稽太守,又官主爵都尉,後被殺。負薪,指朱買臣原來家貧,以賣柴爲生。衣錦,穿錦繡衣服,即富貴之意,指朱買臣做會稽太守時,上謂買臣曰:"富貴不歸故鄉,如錦繡夜行。"相如,即司馬相如,字長卿。滌器,司馬相如同卓文君私奔,初至成都,後返臨邛(今四川邛崍),開一酒館,文君當壚,相如洗滌酒器。被(通"彼")繡,意同衣錦,指相如後爲中郎將,入蜀時,太守以下的官吏都出來迎接。

㉘於是二句——史遷,即司馬遷。因他做過太史令之故。壽王,姓吾(音魚)丘,亦作虞丘,趙人,武帝時爲郎中,累官光祿大夫。嚴,指嚴安,臨淄人,武帝時曾上書言擊匈奴之非利。帝召見,問曰:"公何在?何相見之晚也!"拜爲郎中。終,指終軍,字子雲,濟南人,曾上書評論國事,武帝任爲謁者給事中,遷諫大夫。後奉命赴南越(今兩廣地區),被殺。死時僅二十餘歲,時稱"終童"。枚皋,字少孺,枚乘之子,不通經術,善詼諧,工賦頌,文思敏捷。

㉙應對二句——應對,以言語應酬對答也。方,常也,即常規之意。篇章,指作品,匱,缺乏也。上句說他們口才好,下句說他們作品多。

㉚遺風句——遺風,指上下喜愛文學和寫作之風。餘采,遺留的作品。

越昭及宣,實繼武績㉛;馳騁石渠,暇豫文會㉜,

集雕篆之軼材,發綺縠之高喻㉝,於是王褒之倫,底祿待詔㉞。自元暨成,降意圖籍㉟,美玉屑之譚,清金馬之路㊱,子雲銳思於千首,子政讎校於六藝㊲,亦已美矣。爰自漢室,迄至成哀,雖世漸百齡,辭人九變,而大抵所歸,祖述《楚辭》,靈均餘影,於是乎在㊳。

注釋

㉛越昭二句——昭,指昭帝,名弗陵,武帝子。宣,指宣帝,名詢,武帝之曾孫。武,指武帝。績,功績也。

㉜馳騁二句——馳騁,馬疾馳也,有競奔之意,指學者講學皆盡其力。石渠,閣名,相傳乃蕭何所造,所藏爲入關所得秦之圖籍。宣帝時爲諸儒講經之地。暇豫,閒暇安樂也,安閒從容之意。文會,聚會寫作。

㉝集雕二句——雕篆,即雕蟲篆刻也。語出揚雄《法言·吾子》篇。西漢學童必習秦書八體,蟲書,科符(兩種古字)是八體中的兩體。這裏是寫作詩賦之意。因其繪景狀物,與雕琢書蟲、篆寫刻符相似。佚(yì)材,同逸材,即出衆的人材。綺縠(hú),薄紗;有花紋的絲製品。《漢書·王褒傳》:"上(宣帝)曰:辭賦大者與古詩同義,小者辯麗可嘉,譬如女工有綺縠,音樂有鄭衛。"把辭賦比作美麗的皺紗,故稱高喻。

㉞於是二句——王褒,蜀人,字子淵。辭賦作家。底(音旨),《左傳》昭公元年:"底祿以德。"杜注:"底,致也。"底祿,謂得到俸祿也。詔,皇帝的命令。待詔,等待皇帝下令任用。

㉟自元二句——元,指皇帝(元帝),名奭,宣帝之子。暨(jì),及也,到也。成,指成帝,名驁(ào),元帝之子。降意,留

意也。

㊱美玉屑二句——美,贊美也,即欣賞之意。玉屑,指文字。因文字作品之美如碎玉也。譚,議論也。金馬,即金馬門,官署名,因爲門旁有銅馬之故。漢代徵召來的人,都待詔公車(官署名),其優異者令待詔金馬門。

㊲子雲二句——子雲,揚雄的字。銳思,銳敏之意也。千首,指千首賦,因揚雄曾説過"能讀千賦,則善爲文也"(桓譚《新論·道賦篇》,這裏不是説揚雄讀了千首賦,而是説他寫了很多首賦)。子政,劉向的字,西漢末的學者兼作家,又是有名的校勘家,當時皇宮中的藏書多為他所整理。讎(chóu),"仇"的異體字,校對文字之意。校,考覈之意。六藝,即六經(詩、書、易、禮、樂、春秋),這裏泛指經傳諸子古籍而言。

㊳爰自八句——自漢室,從漢朝開國之意。成,指成帝。哀,指哀帝,名欣,元帝之孫。漸,進也。漢自開國至成帝近二百年,這裏説"漸百齡",即一百多年之意。九變,多變也。漢賦有抒情,有描繪宫殿山川和打獵的,有詠物的等等。祖述,數法也,學習也。靈均,屈原的字。《離騷》:"名余曰正則兮,字余曰靈均。"於是,於此也。

自哀平陵替,光武中興,深懷圖讖,頗略文華㊴。然杜篤獻誄以免刑,班彪參奏以補令,雖非旁求,亦不遐棄㊵。及明〔帝〕章男疊耀,崇愛儒術,肄禮壁堂,講文虎觀㊶;孟堅珥筆於國史,賈逵給札於瑞頌㊷,東平擅其懿文,沛王振其通論㊸,帝則藩儀,輝光相照矣㊹。自〔安和〕和已以下,迄至順桓㊺,則有班傅三崔，王馬張蔡㊻，磊落鴻儒，才不時乏，而文章之選，存而不論㊼。然中興之後，群才稍改前轍，華實所附，斟酌經辭，蓋歷政講聚，故漸靡儒風者也㊽。降及靈帝，時好辭製，造〔羲〕皇羲之書，開鴻都之賦㊾；而樂松之徒，招集淺陋，故楊賜號爲驩兜，蔡邕比之俳優，其餘風遺文，蓋蔑如也(50)。

注釋

㊴自哀平四句——平，指平帝，名衎(kàn)，哀帝之弟。陵替，臣下權勢侵陵君上曰“陵”，君權衰落曰“替”。光帝，即後漢光武帝劉秀，字文叔，東漢王朝的建立者。懷，懷念也，歸向也。有相依之意。圖，河圖也，讖，驗也，符命之書。略，忽略也。圖讖(chèn)，是一種宣揚神學或迷信的隱語或預言，作爲吉凶的符驗或徵兆。多半出於巫師或方士之手。文華，指文學事業。

㊵然杜篤四句——杜篤，字季雅，東漢初年作家。誄(lěi)，贊美死者功德的一種追悼文字。免刑，據《後漢書・杜篤傳》：杜篤曾被美陽縣令捕送京師，篤於獄中作大司馬吴漢誄，爲光武帝賞識，因“賜帛免刑”。班彪，字叔皮，安陵人，性沉重好古，專心史事，著後傳數十篇，以繼《史記》，彪曾爲其子班固著《漢書》打下基礎。“參奏以補令”見《後漢書・班彪傳》：彪曾爲大將軍竇融劃策事漢(光武帝)，參預融所上奏章，爲光武帝賞識，因召入見，拜爲徐(徐縣)令。補，補缺也。旁，廣也。遐，遠也。

㊶及明帝四句——明，漢明帝，名莊，光武帝之子。帝，當

作"章",即漢章帝,名炟(dá),明帝之子。疊耀,指明章二帝(二朝)非常光耀。肄(yì),研習也。璧堂,即辟雍,古之大學,四周環水,故稱璧;堂,明堂,古代宣明政教之堂。虎觀,即白虎觀,是章帝時招集學者講論經學的地方。

㊷孟堅二句——孟堅,班固的字,繼父業,著《漢書》,亦是東漢著名作家。珥(ěr),插也,珥筆,古時史官入朝,把筆插在冠旁,以便隨時記錄。這裏是執筆撰述之意。國史,指《漢書》。賈逵(kuí),字景伯,東漢時學者兼作家。給札,賜給筆札,札,木閒。給札於瑞頌,據《漢書·賈逵傳》:有鳥落於宮殿上,冠毛五彩,明帝命蘭臺給賈逵筆札,使作《神雀頌》。(蘭臺,藏書處,後置蘭臺令吏,典效圖書,治理文書。)

㊸東平二句——東平,即劉蒼,曾封東平王,光武帝八子,好經書,當時爲宗室中能文者。擅,擅長也。懿,美也。沛王,即劉輔,曾立爲中山王,後徙沛王,好經書,有文才。通論,指劉輔作的《五經論》。

㊹帝則句——帝,指明帝,章帝。則,法則也。藩,藩王也,爲封建時代所分封的王侯也,他們如天子之藩儀然。這裏指劉輔和劉蒼。儀,表帥也,準則也。"帝則藩儀,輝光相照"兩句的意思是:皇帝的典範,藩王的表率,光彩奪目互相映照。

㊺自安和二句——安,指漢安帝,名佑,章帝之孫。和,指漢和帝,名啓,或名肇,章帝之子。順,指漢順帝,名保,安帝之子。桓,指漢桓帝,名志,章帝曾孫。

㊻則有二句——班傅三崔,指班固,傅毅(字武仲,博學能文與班固齊名),崔駰(yīn)、崔瑗、崔寔(崔駰,字亭伯,博學有偉才,善屬文,與班固、傅毅齊名;崔瑗,字子玉,崔駰之子,善爲文,工章草,曾為濟北相;崔寔,字子真,一名臺,字元始,瑗

之子，沉静好學，有邊功，善屬文）。王馬張蔡指，王逸，或指王延壽（父子關係），或指王充，不知孰是。馬，指馬融，字季長，東漢名儒兼作家。張，指張衡，東漢著名科學家兼作家。蔡，指蔡邕，字伯喈，博學工文，通音律，有《蔡仲郎集》。

㊼磊落四句——磊落，狀衆多，俊偉而有文才也。不時乏，没有缺乏的時候。選，選手，名作家。存，保存也。不論，不去論述，不再提及之意。

㊽華實四句——華，指文章的語言形式。實，指文章的思想内容。附，依俯也，聯繫也。斟酌，參考也，采取也。蓋，承接上文以説明原因的語氣詞。講聚，聚合經生，講述經義也。靡，風吹草倒也，引申爲感染，影響。

㊾降及四句——降及，到了後來之意。靈帝，劉宏，章帝玄孫。辭製，謂劉宏也喜好文學創作。羲皇，當作皇羲，指《皇羲篇》五十章，爲漢靈帝所作，見《後漢書・蔡列傳》。鴻都，指鴻都門，藏書之所，靈帝曾在此招集文士講學，並寫作辭賦。

㊿樂松六句——樂（yuè）松，當時任侍中祭酒，是負責招集文士到鴻都門來的人。楊賜，是靈帝時的司空，曾上書稱樂松引進的文士爲"群小"，爲"驩兜"（dōu）（相傳爲古代的壞人，舜即位，放之於崇山）。俳（pái）優，古代以樂舞諧戲為職業的人（即雜戲演員），弄臣之類的人。蔑如，淺薄不足道也。意思是説樂松招集的人是一些淺薄無行的人，楊賜稱他們是壞蛋，蔡邕把他們比作小醜。他們的篇章，是不值一談的。

自獻帝播遷，文學蓬轉，建安之末，區宇方輯(51)。魏武以相王之尊，雅愛詩章(52)；文帝以副君之重，妙善辭賦(53)；陳思以公子之豪，下筆琳瑯(54)；並體貌英俊，故俊才雲蒸(55)。仲宣委質於漢南，孔璋歸命於河北(56)，偉長從宦於青土，公幹徇質於海隅(57)，德璉綜其斐然之思，元喻展其翩翩之樂(58)。文蔚休伯之儔，於叔德祖之侶(59)，傲雅觴豆之前，雍容衽席之上(60)；灑筆以成酣歌，和墨以藉談笑(61)。觀其時文，雅好慷慨，良由世積亂離，風衰俗怨，並志深而筆長，故梗概而多氣也(62)。

注釋

(51)自獻帝四句——獻帝，漢獻帝劉協，靈帝之子，東漢最末一個皇帝。播，遷徙也，流亡也。播遷，流亡遷徙也。是說漢獻帝被董卓逼遷長安，後曹操又遷之許昌。文學，指文學之士。蓬轉，如蓬草一樣被風吹得動盪不安。建安，漢獻帝年號，從公元 196 年至 219 年是文學上所説的建安時代，指的是東漢末至三國初一段時間。區宇，當時所説的天下(宇内，國内，指北方)。輯，和平也。

(52)魏武二句——魏武，指曹操，其子曹丕稱帝，追尊他爲武帝。字孟德，小名阿瞞，譙(今安徽亳縣)人，我國著名的軍事家、政治家、詩人。相王，建安十三年，曹操爲丞相，後又封魏王。雅，素常，平素，很也，甚也。

(53)文帝二句——文帝，即魏文帝曹丕，曹操次子。曾繼操爲魏王，後代漢稱帝，也是文學的愛好者。副君，即太子也，公元 217 年，丕立爲魏王太子。妙善，精妙美好也，指創作而言。

(54)陳思二句——陳思，即曹植，曾封陳王，謚思，世稱陳思王,甚愛文學,爲我國著名作家。琳瑯,美玉也,這裏比喻作品之珍異也。

㊺並體貌二句——體貌,即禮貌,體與機通,相待以禮也。蒸,多也。

㊻仲宣二句——仲宣,王粲的字。委質,委,以身事人,質,形體,即歸順也。漢南,漢水之南,因王粲曾依身荆州劉表,荆州在漢水之南,後歸順曹氏。孔璋,陳琳的字。河北,指冀州,陳琳原依身冀州袁紹,後歸順曹氏。歸命,即投誠之意。

㊼偉長二句——偉長,徐幹的字。從宦,做官。青土,即青州,亦即北海郡,徐幹的原籍爲北海(今山東壽光)。公幹,劉楨的字。徇質,與委質同意。海隅,指劉楨的原籍東平(今山東省東平)。因距海較近。

㊽德璉二句——德璉,應瑒的字。綜,集合也,綜合也。斐然,文采貌。曹丕《與吳質書》:"德璉常斐然有述作之意,其才學足以著書……元瑜書記翩翩,致足樂也。"

㊾文蔚二句——文蔚,路粹的字。休伯,繁欽的字。儔,同伴也。於叔(當作"子叔"),邯鄲淳(復姓,一名"竺")的字,(邯鄲淳,博學,曾作《投壺賦》)。德祖,楊修的字(太尉彪之子,才博,與曹植友善)。他們都是建安時的作家。

㊿傲雅二句——傲,輕狂傲慢也。雅,言行不俗也。觴(shāng),古酒器。豆,古食器,形似高脚盤。雍容,態度從容大方。衽席,席也。上句指宴會時的情况,下句指談論時的情况。

㉑灑筆二句——灑筆,撰筆寫作也。和墨,與灑筆同意。酣歌,盡情高興,盡興歡樂。

㉒雅好五句——雅,甚,很。慷慨,音調激昂悲憤也。良,

確實也,實在也。世積,長時間也。志深,指作家的情思深沉,積蓄良久。筆長,指作品的意味深長。梗概,即慷慨之意(避免與上文重復才用此句)。氣,氣勢也。

至明帝纂戎,制詩度曲;徵篇章之士,置崇文之觀,何劉群才,迭相照耀㊶。少主相仍,唯高貴英雅,顧盼〔合〕含章,動言成論㊷。於時正始餘風,篇體輕澹,而嵇阮應繆,並馳文路矣㊸。

注釋

㊶至明帝六句——明帝,即魏明帝曹叡,字元仲,曹丕之子。纂,通纘(zuǎn),繼承也。戎,大也,指帝位言。度曲,作曲也。崇文觀,官署名,明帝招集文士之地。何,指何晏,字平叔,當時學者兼作家,有《論語集解》傳世。劉,指劉紹,或作劉邵,邯鄲人,字孔才,當時學者兼作家。迭,一個接一個,輪流也。

㊷少主四句——少主,年少君主,(一)指齊王曹芳,字蘭青,魏明帝養子;(二)指高貴鄉公曹髦(máo),字彥士,魏文帝孫;(三)指陳留王曹奐,字景明,魏武帝孫,司馬炎纂位,廢之為陳留王。此三人均年輕即位,並在位不長。仍,重復也,頻繁也。高貴,指高貴鄉公。英雅,英明,高尚不俗(有文才)。含章,當作文章,含有文采也。

㊸於時四句——正始,齊王曹芳的年號,這是繼建安之後文學又繁榮的一個時期。篇體,指作品風格。輕澹,輕鬆恬澹也,謂有老莊之風。嵇,指嵇康,才高博學,喜愛老莊,後為鍾

會所害。阮,指阮籍,字嗣宗,博學能文,喜愛老莊。應,應璩,字休璉,當時作家。繆(miào),指繆襲,字熙伯,有才學。

逮晉宣始基,景文克構;並跡沈儒雅,而務深方術⑥。至武帝惟新,承平受命,而膠序篇章,弗簡皇慮⑥。降及懷愍,綴旒而已⑧。然晉雖不文,人才實盛:茂先搖筆而散珠,太沖動墨而橫錦⑥,岳湛曜聯璧之華,機雲標二俊之采⑦,應傅三張之徒,孫摯成公之屬⑦,並結藻清英,流韻綺靡。前史以為運涉季世,人未盡才⑦,誠哉斯談,可為嘆息。

注釋

⑥逮晉宣四句——晉宣,指司馬懿,字仲達,在魏時即掌權,其後孫司馬炎代魏稱晉,尊為宣帝。始基,開始建立基業。景,指司馬師,字子元,懿之長子,武帝受禪,追尊為景帝。文,指司馬昭,字子上,懿之次子,武帝受禪,追尊為文帝。克構,能夠繼承父業,架木以建樹也。跡,行跡也,指表面。沈,沉沒也,即隱藏也。務,努力從事也。方術,權術也,指政治手段。

⑥至武帝四句——武帝,司馬炎,字安世,昭之長子,代魏建立晉朝,是為武帝。維(惟)新,維為語助詞,維新,即新,革新也,指代魏建立晉朝之意。承平,承,繼也,謂相繼太平也。受命,古帝王即位,是受上天之命,故曰"受命",此乃宣揚"君權神受"的迷信。膠,周朝大學為膠。序,古之學校名,周稱鄉學為庠,殷曰序。篇章,指文學著作之事。簡,考察,注意。

⑧降及二句——懷,指晉懷帝,名熾,字丰度,武帝第二十

時　序

五子也。愍（mǐn），指晉愍帝，名鄴，字彥旗，武帝之孫。綴旒（liú），冠上的垂珠，旗上的裝飾品，有動搖不定之意。懷、愍二帝後被匈奴劉聰（漢）所虜，政局混亂，更談不上文學事業。綴旒同"贅旒"，比喻君主爲大臣挾制，實權旁落。

⑥⑨茂先二句——茂先，張華的字，西晉大臣，有名的作家，後人輯有《張司空集》。散珠，比喻張華作品的美好，其詩多寫貴族的宴樂生活，辭藻浮艷。太沖，左思的字，西晉的著名作家，著有三都賦，有洛陽紙貴之譽。橫錦，比喻左思作品之美如錦綉然。

⑦⑩岳湛二句——岳，指潘岳，字安仁，西晉著名作家，趨世利，文辭艷麗，長於哀誄（lěi）。湛（zhàn），指夏侯湛，字孝若。聯璧，同連璧，岳、湛二人俱富文才，交往甚密，又皆美貌，常同車出遊，京都謂之連璧。機，指陸機，字士衡，吳亡入洛，爲西晉著名作家，極追求詞藻和對偶。雲，指陸雲，字士龍。標，顯示出，標樹也。二俊，謂陸氏兄弟是兩個英俊的人才。他們入洛，張華見之曰："伐吳之役，利獲二俊。"

⑦①應傅二句——應，指應貞，字吉甫。傅，指傅玄，字休奕。三張，指張氏兄弟三人：張載，字孟陽；張協，字景陽；張亢，字季陽。孫，指孫楚，字子荊。摯，指摯虞，字仲洽。成公，指成公綏，字子安。以上八人，皆西晉作家。

⑦②並結藻四句——清英，清新優美。綺靡，美麗細緻也。季世，末世也。前史，指《晉史》，作《晉史》的人很多，引文不知出自何家。

　　元皇中興，披文建學；劉刁禮吏而寵榮，景純文敏而優擢⑦③。逮明帝秉哲，雅好文會，升儲御極，孳孳講

· 209 ·

藝,練情於誥策,振采於辭賦⑭;庾以筆才逾親,溫以文思益厚,揄揚風流,亦彼時之漢武也⑮。及成康促齡,穆哀短祚⑯,簡文勃興,淵乎清峻,微言精理,函滿玄席,澹思濃采,時灑文囿⑰。至孝武不嗣,安恭已矣⑱;其文史則有袁殷之曹,孫干之輩,雖才或淺深,珪璋足用⑲。

注釋

⑬元皇四句——指晉元帝,名睿,字景文,懿之曾孫,琅琊恭王覲之子。中興,指晉元帝又建東晉王朝。披,開也,披文,提倡文化也。劉,指劉隗(wěi),字大連,甚爲元帝器重,曾官丞相司直。刁,指刁協,字玄亮,爲東晉制訂一切制度,曾官尚書左僕射。禮吏,明曉禮法的官吏。景純,郭璞的字,文才爲中興之冠。曾被提昇著作佐郎。文敏,爲文敏捷。優擢,受到優待而被提昇,即受到特別提昇。

⑭逮明帝六句——明帝,名紹,字道畿(jī),元帝長子。秉哲,天生聰明。《晉書·明帝紀》:"幼而聰哲。"文會,《晉書·明帝紀》:"有文才武略,欽賢愛客,雅好文辭。"儲,即儲君,太子也。極,最高的地位,並特指帝王之位。孳孳(zī),勤勉不懈也,同"孜孜"。藝,指六經。練情,提煉思想感情。誥策,是古代上對下的兩種文告,誥,用於訓誡勉勵,策,用於封土,授爵或免官。

⑮庾以四句——庾,指庾亮,字元規,妹爲明帝皇后,爲東晉時的政治家兼作家。筆,與下文的"文"相對,指無韻的不重辭藻的散文。逾,通愈,更加也。溫,指溫嶠,字太真,東晉時的

政治家兼作家。文,指有韻的尚文采的詩賦。揄揚,引舉也,讚揚也(揚,提倡,重視)。風流,指風流文士,亦即風雅(指文字而言)。

⑯及成康二句——成,指晉成帝,名衍,字世根,明帝長子。康,指晉康帝,名岳,字世同,成帝之弟。穆,指晉穆帝,名聃,字彰子,康帝之子。哀,指晉哀帝,名丕,字千齡,成帝長子。祚(zuò),古代指帝位。

⑰簡文六句——簡文,指晉簡文帝,名昱(yù),字道萬,元帝少子。淵,指性格深沉也。清峻,即清高也。微言,精細深遠的言辭。精理,精妙的道理。函,當作亟(qì),屢次也,常常也。玄席,談玄(老莊之道)的場合。澹思,恬澹寡欲的情思(指簡文帝的作品内容)。濃采,濃艷的辭藻(指簡文帝作品的語言)。《晉書·簡文帝紀》:"清虛寡欲,尤善玄言。"灑,散落也,引申爲表現。文囿,囿是園林之意。這裏指簡文帝的作品。

⑱至孝武二句——孝武,指晉孝武帝,名曜,字昌平,簡文帝第三子。不嗣,嗣,繼承也。當初簡文帝見到一種迷信預言,就説:"晉祚盡昌明。"意謂孝武帝是東晉的最後一個皇帝。安,指晉安帝,名德宗,字亦德宗,孝武帝長子,是個白痴,口不能言,不辨寒暑。恭,指晉恭帝,名德文,字亦德文,安帝的弟弟。即位二年,便禪位劉裕,就成了南朝的末代。已,停止,完畢也。已矣,謂安恭二帝把東晉搞結束了。

⑲其文史四句——文史,指文學家,史學家。袁,指袁宏,字伯彦,東晉末的文學家,史學家,著有《後漢書》、《竹林名士傳》和詩賦諫表多首。殷,指殷仲文,東晉文學家。曹,輩也。孫,指孫盛,字安國,東晉末的文學家,史學家,著有《魏氏春

秋》、《晉陽秋》和詩賦等多首。干,指干寶,字令昇,東晉末文學家、史學家,其名著爲《搜神記》。珪璋,亦作圭璋,貴重的玉器,這裏指極有用的人才。足,可以也。

　　自中朝貴玄,江左稱盛,因談餘氣,流成文體⑧。是以世極迍邅,而辭意夷泰;詩必柱下之旨歸,賦乃漆園之義疏㊼。故知文變染乎世情,興廢繫乎時序,原始以要終㊾,雖百世可知也。

注釋

⑧自中朝四句——中朝,指西晉。貴玄,看重淡玄。江左,這裏指東晉。談,談玄也。氣,談玄的風氣。流,向壞的方向變之意。

㊼是以四句——迍(zhūn)邅(zhān),亦作"屯邅",處於困難中不能前進,這裏指亂世。夷泰,平澹安泰也。謂這時的文學沒有反映出亂世的面貌。柱下,即柱下史,周代官名,即漢代的侍御史,因爲老子曾爲周的柱下史,故這裏指老子。漆園,地名,其説不一,莊子在周時曾爲蒙漆園吏,故這裏指莊子。義疏,對義理之疏解也。後兩句是説,寫詩以老子思想爲主旨,作賦是對莊子學説的闡述。

㊾故知三句——染,沾染也。世情,時代的情況。興廢,指文學的盛衰。繫,關涉也,聯繫也。時序,時代的秩序。原始。考察究其開始。要終,總結其結果,查其結果。

　　自宋武愛文,文帝彬雅,秉文之德;孝武多才,英才雲構㊃。自明帝以下，文理替矣㊄。爾其縉紳之林，霞蔚而飆起㊅；王袁聯宗以龍章，顔謝重葉以鳳采㊆；何范張沈之徒，亦不可勝數也㊇。蓋聞之於世，故略舉大較㊈。

注釋

㊃自宋武五句——宋武，即宋武帝劉裕，爲南朝宋的建立者，字德輿，小字寄奴，祖爲彭城（今江蘇徐州）人，遷居京口（今江蘇鎮江）。幼年耕地、捕魚，後爲東晉將領，鎮壓孫恩起義立功，封宋王，終代晉稱帝。曾下令選備儒官，弘振國學。文帝，即宋文帝劉義隆，劉裕子。屢挫於北魏，宋勢漸衰，後被太子劉邵殺死。在位時曾下令立儒學館，後又立玄素學、史學、文學。彬雅，即文雅也，彬是文質兼備意思。秉文，秉與禀通，謂武、文二主是天賦而有文才的人。孝武，即宋孝武帝劉駿，文帝第三子，字休龍，小字道民。多才，多才多藝。英采，英明而有文采也。雲構，著作多，豐富之意。

㊄自明帝二句——明帝，指宋明帝劉彧（yù），字休炳，小字榮期，文帝第十一子。替，衰落也。明帝之後爲廢帝和順帝。

㊅爾其二句——爾其，另換一意的開頭語。縉（jìn）紳，亦作搢紳，搢，插也。紳，大帶子。古之宦者入朝皆插笏於紳帶之間，後爲士大夫的代稱。霞蔚、飆起，謂宋時在士大夫中作家很多，如雲霞之盛，狂風之興也。

㊆王袁二句——王袁二姓在劉宋時代出了很多作家，王姓的如王僧達、王韶之、王準之等；袁姓的如袁淑、袁顗（yǐ）、袁粲等。聯宗，將王袁二宗族聯繫在一起之意。龍章，如龍體

一樣有文采。這裏是比喻王袁二姓有很多有才華的人。顏謝重葉,謂在劉宋時代顏謝二姓,代代有著名作家,如顏延之及其子顏竣、顏測等;謝姓,如謝靈運及其胞弟謝惠連、謝莊等。葉,世也。鳳采,如鳳凰一樣有文采。這裏是比喻顏謝二姓有很多有才華的作家。重葉,幾代之意。

⑧⑦何范二句——何,指何承天、何尚之、何長瑜。范,指范泰,范曄,曄,字蔚宗,是《後漢書》的作者。張,指張敷、張望、張永。沈,指沈懷文、沈懷遠。

⑧⑧蓋聞之二句——蓋聞,聞之於世。大較,大概也,大略也。

暨皇齊馭寶,運集休明⑧⑨:太祖以聖武膺籙,〔高〕世祖以睿文纂業⑨⑩,文帝以貳離含章,〔中〕高宗以上哲興運⑨⑪,並文明自天,緝熙景祚⑨⑫。今聖曆方興,文思光被,海岳降神,才英秀發⑨⑬。馭飛龍於天衢,駕騏驥於萬里⑨⑭;經典禮章,跨周轢漢,唐虞之文,其鼎盛乎⑨⑮!鴻風懿采,短筆敢陳;颺言讚時,請寄明哲⑨⑯。

注釋

⑧⑨暨皇齊二句——暨,及也。皇,大也,美也。齊,指南朝時的時代。馭(yù),駕馭馬匹也,引申爲統治。寶,寶座也,即帝位,天下之意。休,美也。此句是謂齊是美好英明運氣集中的朝代。

⑨⑩太祖二句——太祖,即齊高帝蕭(肖)道成,字紹伯,南朝齊的建立者,初爲宋禁軍將領,後封齊公,昇明(宋順帝年

號)三年,代宋自立。聖武,聖明勇武也。膺(yīng)受也。籙(lù),符命之書,古時爲祥瑞的徵兆。符會成君主將得到天命的憑証。膺籙,即受天之命而爲君之意。高祖,應作世祖,即齊武帝蕭賾(zé),字宣遠,太祖的長子。睿文,英明而有文才,纂業,繼承帝業。

㉛文帝二句——文帝,指文惠太子蕭(肖)長懋(mào),後追尊爲文帝。貳離,太子代稱,謂次於日月也,即次於天子也。含章,含有文采也。中宗,當作高宗,即齊明帝肖鸞(luán),字景栖。興運,振興國運也。

㉜並文明二句——並,同也,都也,指上述四帝。文明自天,謂天生的美麗而有文才。緝熙,光明也。景,大也。後句是說他們促使了國運光明遠大。

㉝今聖曆四句——聖曆,聖明的年代,即當代之意。或指東昏侯蕭寶卷,或指和帝蕭寶融,二人皆明帝之子。方興,當代君主剛繼位之意。文思,重視文學的思想。光,通"廣",大也,普遍也。被,及也。才英,有文才而英明的作家。秀發,本指植物茂盛,這裏指人才眾多,精神煥發也。

㉞馭飛龍二句——馭和駕皆駕馭之意,指君主駕馭人才也。飛龍和騏驥,這裏指有才能的作家。

㉟經典四句——經典,指著作而言。禮章,指典章制度而言。轢(lì),本爲車輪輾過,這裏是超過之意。唐虞,這裏指當代,把當代比作唐堯、虞舜時代。鼎盛,方盛也,正盛也。

㊱鴻風四句——風和采,指當時作家的作品內容與語言形式。短筆,劉勰自謙之詞。敢,不敢,豈敢的省略。陳,論述,評論之意。颺,"揚"的異體字,發表言論也,即對作品的評論。時,指齊代。寄,托付也。

贊曰:蔚映十代,辭采九變㊉。樞中所動,環流無倦㊈。質文沿時,崇替在選㊉。終古雖遠,〔曠〕優焉如面㊉。

注釋

㊉蔚映二句——蔚,文采美盛也,這裏指文學而言。映,映照也。十代,指唐、虞、夏、商、周、漢、魏、晉、宋、齊。九變,或謂"九"爲虛數,即多變也;劉永濟《文心雕龍校釋》解釋爲:唐虞爲一變,三代爲二變,戰國至西漢爲三變,東漢爲四變,靈帝以後爲五變,建安爲六變,正始爲七變,西晋爲八變,東晉爲九變。

㊈樞中二句——樞,門的轉軸。中,空也,謂束管門軸橫木上的洞孔。樞中,這裏是關鍵之意,指時代而言。環,門上下兩橫檻的洞,其形圓如環,引申爲圍遶之意。指文學而言,即是説文學是隨時代變化而變化的。

㊉質文二句——沿,順也,跟也。第一句是説文學重内容或重形式是跟着時代變化而變化的。選,算也,即估計的意思。第二句是説文學的盛衰可以隨着時代來估計的。

㊉終古二句——終古,久遠也。曠,明朗也。優(ài)仿佛,好像之意。兩句意思是:古代雖然遥遠,又仿佛就在面前。

簡評

《時序》是一篇研究文學發展與時代關係的專論。其論點是"文變染乎世情,興廢繫乎時序",意思是文學的發展變化,文風的興盛衰敗與時代變化息息相關，受時代的製約。這是劉勰對唐堯到宋齊十代文學的演變探討出來的結論。文中也涉及了作家的創作與生活的關係，文學的繼承和革新等問題。

劉勰總結出文學發展演變的原因有以下幾點：一是政治教化的影響。治世政治清明，教化淳樸，朝野上下，心樂聲泰，反映在詩歌上是勤而不怨，樂而不淫。亂世是怒而不哀（幽厲昏而《板》《蕩》怒，平王微而《黍離》哀）。總結出："風動於上，而波震於下。"另一個原因是與君主提倡與否關係很大。齊楚帝王重視文學，出現屈原、宋玉著名作家。魏代魏武雅愛詩章，文帝妙善辭賦，出現了"俊才雲蒸"的盛況。劉宋時代，武、文、孝武有文才，好儒學，出現了"英才雲構"的局面。第三是學術思想風氣的影響。文學是一種社會意識形態，牠和其他意識形態互相影響，互相作用。縱橫家遊說詭辯的風氣，直接影響着屈原、宋玉的作品；東漢時期學者聚集，講經論義的儒風大盛，直接影響着東漢文學。"屈宋論說則籠罩雅頌，西漢辭人則祖述楚辭"，前代文學影響着後代，也是文學發展的原因之一。這些分析論述深刻而精闢，對後代文學理論批評，有着很大的影響作用。

縱觀全文，劉勰的文學史觀有下列幾點：一，文學的產生與社會現實密切相關；二，文學是發展的，不是固定不變的；三，文學的發展變化受社會歷史條件的製約。但是劉勰對民歌和通俗作家（如陶淵明）重視不够，樂府民歌對漢代、南朝宋齊和建安時期的文學影響很大，文中却没有提到。

知音①

　　知音其難哉！音實難知，知實難逢，逢其知音②，千載其一乎！夫古來知音，多賤同而思古，所謂"日進前而不御，遙聞聲而相思"也③。昔《儲說》始出，《子虛》初成，秦皇漢武，恨不同時；既同時矣，則韓囚而馬輕，豈不明鑒同時之賤哉④！至於班固傅毅，文在伯仲，而固嗤毅云："下筆不能自休⑤。"及陳思論才，亦深排孔璋，敬禮請潤色，嘆以爲美談，季緒好詆訶，方之於田巴；意亦見矣⑥。故魏文稱"文人相輕"⑦，非虛談也。至如君卿脣舌，而謬欲論文，乃稱"史遷著書，諮東方朔"，於是桓譚之徒，相顧嗤笑。彼實博徒，輕言負誚，況乎文士，可妄談哉⑧！故鑒照洞明，而貴古賤今者，二主是也⑨；才實鴻懿，而崇己抑人者，班曹是也⑩；學不逮文，而信僞迷真者，樓護是也⑪。醬瓿之議，豈多嘆哉⑫！

注釋

　　①《知音》爲原書的第四十八篇，主要是討論文學鑒賞和

《文心雕龍》選講

批評的,這是劉勰批評論方面的重大發展。

②知音四句——知,指正確的評論和評論家。前兩句的"知"可理解爲正確的評論;後兩句的"知"可理解爲評論家。音,本爲聲音,這裏指文學作品。

③多賤三句——同,同時代人。古,古人。御,用。這三句總的意思是人們總是鄙視眼前的,看重遙遠的。

④儲說七句——據《史記·老莊申韓列傳》說,戰國時著名思想家韓非,作《韓非子》一書,內有《孤憤》、《五蠹》、《內儲說》、《外儲說》、《說林》、《說難》等篇,秦始皇見此書,嘆曰:"寡人得見此人,與之游,死不恨矣。"因急攻韓,韓非作爲韓國使者到了秦國,秦王不信用,李斯、姚賈毀之,秦王以爲然,下獄治罪,後被逼自殺。又據《史記》和《漢書》中的《司馬相如傳》說,漢武帝讀了司馬相如的《子虛賦》曰:"朕獨不得與此人同時哉!"時蜀人楊得意爲狗監,薦相如,但武帝並沒有重用他。鑒,古時的青銅鏡,引伸爲看到、對照。這七句是舉例說明看輕同時代的人。

⑤至於三句——這三句來自曹丕的《典論·論文》。班固,東漢史學家、文學家,著《漢書》。傅毅,字武申,東漢文學家,《後漢書·文苑傳》有其傳。他與班固同時代。伯仲,古代兄弟輩中按長幼排列的次第,老大爲伯,老二爲仲,老三爲叔,老四爲季。這裏所說的伯仲是相近之意,班、傅二人文章不相上下。嗤,譏笑。休,止也。即班固譏笑傅毅的文章寫得冗長而無剪裁。這三句是說明文人相輕。

⑥陳思七句——這幾句見曹植的《與楊德祖書》。陳思,即曹子建,因爲他封陳王,謚曰陳思王。排,排擠也。孔璋,陳琳的字,建安七子之一。曹植說他:"不閑於辭賦,而多自謂能

220

與司馬長卿同風,譬畫虎不成,反爲狗者也。"敬禮,丁廙(yì)的字,建安作家,曹植的好友。潤色,修飾也,引伸爲修改文章。丁廙常請曹植修改他的文章。美談,指丁廙給曹植説的"文之佳惡,吾自得之"的話,曹植曾説:"吾常嘆此達言,以爲美談。"季緒,劉修的字,劉表之子。曹植説他:"才不能逮於作者,而好詆訶文章,掎摭利病。"詆(dǐ)訶(hē,呵的異體字),皆爲毁謗,斥責之意。方,比也。田巴,戰國齊人,善辯,毁五帝,罪三王(禹、湯、文王)一旦而服千人,曾被魯仲連駁倒,終身杜口。

⑦魏文句——魏文,即魏文帝曹丕。"文人相輕"是曹丕的《典論·論文》中的句子。

⑧至如十句——君卿,樓護的字,西漢末年齊人,《漢書·遊俠列傳》有傳。脣舌,口才好。謬,錯誤,不自量。史遷,即司馬遷,著《史記》。諮,詢問,和別人商量。東方朔,字曼倩,西漢作家,喜詼諧。桓譚,字君山,東漢初著名學者,著《新論》二十九篇。彼,指樓護。博徒,喜愛賭博的人,樓護爲遊俠,古遊俠常與博徒交往,故稱樓護爲博徒。負,遭受也,誚,譏諷也。這十句大意是,樓護荒謬地談論文章,説司馬遷著書是請教東方朔,引起桓譚等人的譏笑,他輕率發言,被人譏笑,何況是文人,難道可以亂説嗎?

⑨鑒照三句——鑒,鑒別。照,觀察。洞,深入。這三句是説鑒別力、觀察力都很深入高明,却又看重古代看輕現代的,(秦始皇、漢武帝)兩位君主是也。

⑩才實三句——鴻,大也。懿,美也。這三句是,文才實學都很美好,却抬高自己,貶低別人的班固、曹植便是。

⑪學不逮文句——逮(dài),到。不逮文,没學問,知識淺

陋。這三句是說，論學問夠不上評論別人的文章的，把謬誤當作真實的，樓護是也。

⑫醬瓿二句——瓿(bù)，古代用青銅或陶製的盛物的罎子。《漢書·揚雄傳贊》記劉歆看了揚雄的《太玄》，對揚雄說："我怕後人只用它來蓋醬瓿(當時的書是寫在木板上)。"這裏含有知音難得的感嘆。

　　夫麟鳳與麏雉懸絕，珠玉與礫石超殊，白日垂其照，青眸寫其形⑬；然魯臣以麟爲麏⑭，楚人以雉爲鳳⑮，魏氏以夜光爲怪石⑯，宋客以燕礫爲寶珠⑰。形器易徵⑱，謬乃若是；文情難以鑒別，誰曰易分？

注釋

⑬麟鳳四句——麏(jūn)，獐的別名，屬鹿類，比鹿小。雉，野雞。礫(lì)，碎石子。懸絕，相差很遠。超殊，差別很大。垂，流下之意。照，形影也。青，黑色也。眸，眼中瞳人。青眸，黑眼珠，這裏指眼睛。寫，在此有看出，觀察之意。

⑭魯臣句——據《公羊傳》哀公十四年和《孔叢子·記問》中說，魯哀公時，有人打獵得到一個麒麟，卻誤以爲麏，冉有將這事告訴孔子，孔子才認出是麒麟。因爲冉有爲季氏宰，故稱"魯臣"。

⑮楚人句——《尹文子·大道上》楚人有挑着山雞的，路人問："是什麼鳥？"那人騙他是鳳凰，路人眞把它當作鳳凰買下。

⑯魏氏句——魏氏，當作魏民。《尹文子·大道上》："魏

田父有耕於野者,得寶玉徑尺,弗知其玉也,以告鄰人,鄰人陰欲圖之,謂之曰'怪石也'。……其夜玉明,光照一室,……遽而棄於遠野。"

⑰宋客句——《藝文類聚》卷六引《 子》:"宋之愚人,得燕石於梧臺之東,歸而藏之,以爲寶。周客聞而觀焉,……掩口而笑曰:'此特燕石也,其與瓦甓(磚也)不殊。'"

⑱形器易徵句——徵,特徵,特點。易徵,容易識別出(器物)特點。此段總的説有不少人好壞不分,真偽不辨,文情更難鑒別。

　　夫篇章雜沓,質文交加,知多偏好,人莫圓該⑲。慷慨者逆聲而擊節⑳,醖藉者見密而高蹈㉑;浮慧者觀綺而躍心㉒,愛奇者聞詭而驚聽㉓。會己則嗟諷,異我則沮棄㉔,各執一隅之解,欲擬萬端之變㉕,所謂東向而望,不見西墻也㉖。

注釋
⑲篇章四句——篇章,指文學作品而言。沓(tà),多而雜亂,重復。交加,交錯一齊來。該,同賅,完備。這四句意思是,篇章雜亂,文章的質樸和文華交結在一起,人們的愛好有偏,不能全面看問題。

⑳慷慨句——慷慨,意氣激昂。逆,迎,接受也。節,古樂器,用竹編成,拍之成聲。慷慨的人碰到激昂的聲調就擊竹贊賞。

㉑醖藉句——醖藉,或作蘊藉,寬和而有含蓄。密,指精細而用意深遠的作品。高蹈,高舉足而蹈地也。這裏是形容

精神愉快,舉足高邁的樣子。有涵養的人,看到細緻含蓄的就高興。

㉒浮慧句——浮慧,浮淺而聰慧。綺,有花紋的絲織品,指文辭華美的文章。躍心,指高興時心為之跳動。喜歡浮華的人看到綺麗的文章就高興。

㉓愛奇句——詭,怪異也,指不尋常的作品。驚聽,驚奇地側耳傾聽。

㉔會己二句——會己,合自己的口胃。嗟,嘆美也。諷,背誦也。沮,沮喪,這裏有心不愛而厭惡之意。兩句是說合自己口胃的就贊美,不合自己口胃的便拋棄。

㉕欲擬句——擬,衡量之意。萬端之變,指千變萬化的作品。意思是人有各人的偏見,要想適應各種變化必須面東望不見西墻。

㉖東向二句——《淮南子·氾論訓》:"故東面而望,不見西墻;南面而視,不覩北方。"

凡操千曲而後曉聲㉗,觀千劍而後識器㉘;故圓照之象,務先博觀㉙。閱喬岳以形培塿,酌滄波以喻畎澮㉚。無私於輕重,不偏於憎愛,然後能平理若衡㉛,照辭如鏡矣。是以將閱文情,先標六觀㉜:一觀位體㉝,二觀置辭㉞,三觀通變㉟,四觀奇正㊱,五觀事義㊲,六觀宮商㊳。斯術既形㊴,則優劣見矣。

注釋

㉗凡操句——凡,副詞,有凡是之意。操,掌握也,操練

也。《太平御覽》卷五八一引桓譚《新論》："音不通千曲以上，不足爲知音。"

㉘觀千劍句——《意林》引《新論》："揚子雲工於賦，王君大習兵器，予欲從二子學。子雲曰：'能讀千賦則善賦。'君大曰：'能觀千劍則曉劍。'"

㉙故圓照句——圓，圓滿也，全面也，這裏有正確之意。照，觀察也。象，法式也。此句是説圓滿而正確地觀察評論作品的方法。

㉚閲喬岳二句——喬，高大也。岳，山嶽也。形，對照也，對比也。培塿，小土丘。酌，斟酌，酌量。滄波，滄海的大波濤。畎(quǎn)澮(kuài)，田間小水溝。兩句意思是看了高山更顯出土丘的小，觀了滄海更識得溝水的淺，(不見高山不知平地的意思)。

㉛然後句——平，通評，評論也。衡，稱也。意思是，然後才能像天平般衡量文章的高下。

㉜將閲二句——閲，觀察，考究。文情，文指文辭語言，即形式，情指思想情感，即內容。或謂文情，文章的思想感情，文章的情理。標，標出，標明之意。觀，名詞，標準，準則。

㉝位體句——位，處理也。體，體裁也(體也可理解爲風格，文章的主題，主幹)，從文章內容來看，處理(選擇)體裁是否得當。

㉞置辭句——指遣辭造句而言，即運用語言的技巧。

㉟通變句——通，指對前人作品的繼承而言，變，指變化革新而言。

㊱奇正句——古用兵之法，有奇有正。奇是特異之意，正是正常之意，這裏是指兩種不同的表現手法。或指風格，正，

合乎經典，奇，不合乎經典。

㊲事義句——指作品中所用的典故、事件、材料、引文，這裏是説用的典故是否得當。

㊳宫商句——音律（聲調音節）。

㊴斯術既形句——術，法則（六觀）。形，對照也，形成也（即實現之意）。

夫綴文者情動而辭發，觀文者披文以入情，沿波討源㊵，雖幽必顯。世遠莫見其面，覘文輒見其心㊶，豈成篇之足深？患識照之自淺耳㊷。夫志在山水，琴表其情㊸，况形之筆端，理將焉匿？故心之照理，譬目之照形，目瞭則形無不分，心敏則理無不達㊹。然而俗監之迷者，深廢淺售㊺，此莊周所以笑《折楊》，宋玉所以傷《白雪》也㊻。昔屈平有言："文質疎内，衆不知余之異采。"見異唯知音耳㊼。揚雄自稱："心好沈博絶麗之文。"其不事浮淺㊽，亦可知矣。夫唯深識鑒奥，必歡然内懌，譬春臺之熙衆人，樂餌之止過客㊾。蓋聞蘭爲國香，服媚彌芬㊿；書亦國華，翫〔澤〕繹方美(51)；知音君子，其垂意焉(52)。

注釋

㊵沿波句——波，指語言辭句等形式；源，指思想情感等内容。討，探索。

㊶覘句——覘（chān 攙），探看也，觀察也。兩句意思是雖

没有看见作者的面孔,但看了他的文章也就看到了他的心情。

㊷岂成篇二句——成篇,写成的作品。足,足够,有过分之意。识照,识别力。自,始也,根基之意。两句意思是,不是篇章深奥,只怕自己识别能力浅薄。

㊸志在二句——据《吕氏春秋·本味》说,春秋时伯牙善鼓琴,有时志在大山,有时志在流水,都能将情思表现在琴声中,而他的挚友钟子期都能听得出来。后来钟子期死,伯牙终身不再鼓琴。两句意思是奏乐的心在山水,琴声就能表达他的情感,情理在文字上,想隐藏也隐藏不住。

㊹达——通达,即清楚明白之意。这几句意思是用眼睛看形貌,只要眼睛明亮,形貌就能分别,心思敏慧,情理就能理解。

㊺俗监二句——俗,庸俗也。监,观察也。迷,迷乱也,分辨不清之意。深,指内容深刻的作品。浅,指内容浅显的作品。售,卖也,这里可以引伸为阅读、欣赏之意。这两句意思是世俗糊涂读者,抛弃那些内容深奥的(作品),赏识浅薄的。

㊻庄周二句——庄周,战国时的大思想家,著有《庄子》一书,归属于道家。《折杨》是一种庸俗的歌曲,《庄子·天地》篇中说庄周曾讥笑人们只爱听《折杨》,而不欣赏高雅的音乐。宋玉,战国时楚人,屈原弟子,相传其所著的《对楚王问》中说,有客歌于郢中,最初唱庸俗的《下里巴人》,跟着和的有几千人;后来又唱高贵的《阳春白雪》,能跟着和的只有几十人,宋玉因而悲伤感叹不止。

㊼屈平四句——屈平,即屈原。"文质疏内兮,众不知余之异采。"二句为《楚辞·九章·怀沙》中的原文。"文质疏内"意即"文疏"、"质内",恰为对文。文,指外表言。疏,言无繁饰而粗疏也。质,本质也,即性质。内,讷(nè)的借字。迟钝,

也引伸爲老誠。文質疎内,意謂外貌既不講究,心中又極老實。異采,謂與衆不同的文采(應包括才能、品德、見識等)。見,見識也,這裏是認識之意。這四句總的意思是外表不加華飾,但内質樸實,大多數看不到卓越的地方,只有知音者才能看到。

㊽揚雄二句——揚雄的話見《古文苑》中的《答劉歆書》。沈,深隱也。博,廣博也,豐富也。絶,極也,最也。文,這裏主要指辭賦。其事,當作不事。事,治也,從事也。浮淺,指淺薄的作品,和"沈博"相對。

㊾夫唯四句——深識,深刻的認識能力。鑒奥,鑒别含義深奥的作品。内,内心也。懌,喜悦也。春臺,春天登上高臺。熙,樂也。《老子》第二十章:"衆人熙熙,……如春登臺。"樂餌,美的音樂和美的食物。止,止息也,留住也。《老子》第三十五章:"樂與餌,過客止。"這四句總的意思是鑒識深遠的人,看到作品的微妙處内心十分喜歡,好比春日登臺使衆人和悦一樣,像音樂美味一樣留住路人。

㊿蓋聞二句——國香,國中最香。服,佩帶也。媚,喜愛也。彌,更也。《左傳》宣公三年:"以蘭有國香,人服媚之如是。"蘭花是國内的香花,喜愛者佩到肩上感到更芬芳。

(51)書亦二句——書,指文學作品。國華,國家的精華。翫,玩的異體字,玩味也,觀賞也。澤,當作繹,抽絲也,引伸爲尋究。這兩句意思,好作品像香花,反復體味才覺得美。

(52)其垂句——其,有希望的意思。垂意,留意也。焉,於此。

贊曰:洪鍾萬鈞,夔曠所定(53)。良書盈篋,妙鑒迺訂㊴。流鄭淫人，無或失聽㊺。獨有此律，不謬蹊徑㊻。

注釋

㊴洪鍾二句——洪，大也。鍾，當作鐘，今皆作鐘。夔（kuí），人名，相傳是舜時的樂官。曠，即師曠，春秋時晉國的樂師，字子野，相傳能辨音以知吉凶。鈞，三十斤。這兩句是說三十萬斤重的大鐘，是古樂師夔和師曠制定的。

㊶良書二句——篋（qiè），箱子。妙鑒，高妙的鑒別，或高明的評論家。迺，乃的異體字。訂，製定，覈定。這兩句是說滿箱子的好書，是需要高妙的評論家評論，才能覈定其高低是非的。

㊺流鄭二句——流，流盪也，放蕩也。鄭，指鄭聲，即《詩經》中的"鄭風"，《論語·衛靈公篇》中有"鄭聲淫"之説，認爲是淫樂，是不正確的。淫人，謂可以使人迷惑淫亂也。無或，即無有。失聽，即聽錯也。這兩句意思是放蕩的靡音會迷惑人，千萬不要失掉正確的聽覺。

㊻獨有二句——律，法則也。此律，指前面説的六觀。蹊，山路也。亦，泛指道路。這兩句是説只要遵循知音標準，就不會走上迷途。

簡評

《知音》篇一面講文學藝術難以理解和鑒別，一面説明知音人難得的原因。知音"難逢"的原因：第一是"貴古賤今"；第二是"崇己抑人"——"文之相輕"；第三是"信偽迷真"——由於學識淺薄。"音實難知"的原因：①作品本身不容易鑒別——思想感情難分；②是"知多偏好"——愛好不同，主觀片面。

克服以上缺點的辦法有三種，第一種是"博觀"，"去私"。第二種是根據六項標準——"六觀"來進行評論。第三種是深入研究——文章是作者的情思，觀者能"沿波討源"，則文情"雖幽必顯"。

《知音》中提出的問題：第一，關於批評態度的問題——進行批評，應有全面觀點，不能片面地、武斷地衡量豐富多樣的文學作品。他很注意作家的稟性及其作品表現之間的關係。他很反對根據個人愛憎、貴古賤今的態度去從事批評。第二，關於批評家的主觀修養問題——批評家要有廣博的學識，廣博的閱歷，然後才能加以比較鑒別。第三，批評標準問題——文學批評要怎樣"披文"才能"入情"呢？要從六個具體方面入手。一要看文章內容和所選體裁是否恰當；二要看語言文字的運用如何；三要看對古代作品繼承和革新的關係；四要看表現手法（風格）是否合乎經典；五要看作品中的用典、引文是否得當；六要看作品的聲調音節。這"六觀"中，第三觀頗有見地。這六個方面屬於"披文入情"的"文"，文學批評就是要通過對這些"文"的考查，進而探索所表達的"情"。但其標準，又受其"宗經"觀點的製約，從而又產生一些偏頗和謬誤。而對於時弊，又有積極意義。

程　器①

　　《周書》論士，方之"梓材"②，蓋貴器用而兼文采也。是以樸斲成而丹臒施，垣墉立而雕杇附③。而近代辭人④，務華棄實。故魏文以爲："古今文人〔之〕類不護細行⑤。"韋誕所評，又歷詆群才⑥。後人雷同，混之一貫⑦，吁，可悲矣！

注釋

　　①《程器》爲原書的第四十九篇。程，衡量也，評論也。器，人才之意，這裏指文學家。此篇是論述作家的品德才幹和創作關係的問題。

　　②周書二句——《周書》是《尚書》的一部分，這裏指《周書》的《梓材》篇。士，人才。方，比。梓，(zǐ)，指梓人，梓匠，即木工。梓材，指木匠把木材做成器物。

　　③是以二句——樸，未加工的木材。斲(zhuó)，砍也，削也。丹臒(huò)，紅色的涂漆(臒，好的顏色，有青有紅)。墉(yōng)，城墙，高墙。杇(wū)，同圬，泥工用的瓦刀，這裏是涂飾，粉刷的意思。附，附加也。以上幾句是說《周書》評論人才，就像木工做器具一樣，注重它的實用和它的華美，所以木

工斲削木材做成器物要涂顏色，工匠壘好墻壁要做粉刷。

④近代句——指晉、南宋、南齊、南梁。辭人，作家。

⑤故魏文二句——魏文，指魏文帝曹丕，他在《與吳質書》中說："觀古今文人，類不護細行，鮮能以名節自立。"類，大都。護，愛護，注意。細行，生活小節。原句中的"之"字應删去。

⑥韋誕二句——韋誕，三國時魏人，字仲將，工文，善書。明帝時，官侍中。詆，指責，批評。群才，指王粲、阮瑀、陳琳等人。韋誕指責這些人的話見《三國志·王粲傳》注。

⑦後人三句——意思是後人隨聲附和，混淆好壞，一例指責。一貫，一樣，相同。

略觀文士之疵：相如竊妻而受金⑧，揚雄嗜酒而少算⑨，敬通之不循廉隅⑩，杜篤之請求無厭⑪，班固諂竇以作威，⑫馬融黨梁而黷貨⑬，文舉傲誕以速誅⑭，正平狂憨以致戮⑮，仲宣輕〔脆〕銳以躁競⑯，孔璋偬恫以麤疎⑰，丁儀貪婪以乞貨⑱，路粹餔啜而無恥⑲，潘岳詭禱於愍懷⑳，陸機傾仄於賈郭㉑，傅玄剛隘而詈臺㉒，孫楚恨愎而訟府㉓。諸有此類，並文士之瑕類。文既有之，武亦宜然。

注釋

⑧相如句——司馬相如，竊妻，指誘新寡的卓文君私奔。受金，指他使蜀時受賄賂。

⑨揚雄句——揚雄嗜酒，好喝酒。少算，拙於計劃生活，家貧自若。《漢書》有傳。

程　器

⑩敬通句——馮衍，字敬通。東漢初年作家。廉隅，本謂稜角，引申爲品行端正。此句是指他妻任氏不許他娶妾，老而逐之的事情。見《後漢書·馮衍傳》。不循廉隅，不遵守規矩。引起當時人的不滿。

⑪杜篤句——杜篤，字季雅，東漢作家。厭，滿足。居美陽縣時，數從令請託不諧，頗相恨。令怒，收篤送京師。詳見《後漢書·文苑傳》。

⑫班固句——班固，著有《漢書》。諂，諂媚，巴結。竇，指大將軍竇憲。他做大將軍竇憲手下的中護軍和參議。他放縱子侄輩在外橫行不法。詳見《後漢書》本傳。

⑬馬融句——馬融，字季長，東漢名儒兼作家，注釋很多經書和子書。黨，相助。梁，指大將梁冀。黷，貪污。貨，財物。馬融幫助梁冀起草奏章攻擊大臣李固，又收受賄賂，爲正直者所恥。詳見《後漢書·馬融傳》。

⑭文舉句——文舉，孔融的字。誕，虛妄。速，招致。誅，殺也。他用傲慢的態度譏刺曹操，發言狂直，被曹操所殺。

⑮正平句——正平，禰（mí）衡的字。憨，痴呆，傻氣。戮，殺也。他因得罪曹操，曹操把他送給劉表。又因態度傲慢，劉表把他送給江夏太守黃祖，因出言不遜，被黃祖所殺。詳見《後漢書·禰衡傳》。

⑯仲宣句——王粲，字仲宣。脆，輕也。躁競，急躁，爭強好勝之意。是説王粲輕鋭，有鋒芒，急躁競進。詳見《三國志·魏書》本傳。

⑰孔璋句——陳琳，字孔璋。傯（zǒng）恫（dòng），幼稚，草率，或匆忙草率。

⑱丁儀句——丁儀，字正禮，三國時魏人，當時作家。婪，

貪也。乞，追求。

⑲路粹句——路粹，字文蔚，建安時作家。餔（bǔ），食也。啜（chuò）飲也，喝也。他替曹陷害孔融。意思說路粹貪吃無恥。

⑳潘岳句——潘岳，性輕躁，趨勢利。譸，通籌，謀劃。詭籌，陰謀。愍（mǐn，即憫字）懷，名遹（yù），字熙祖，晉惠帝長子，謝才人所生。潘岳替賈后起草一篇禱神文，文中有叛逆意，賈后把太子灌醉，逼他照鈔一份，就根據這來廢除太子。詳見《晉書·愍懷太子傳》。

㉑陸機句——陸機，字士衡，西晉著名作家。仄，傾斜，又通"側"。傾仄，偏倚。賈，賈謐（賈充外孫，充無嗣，以謐為後）。郭，郭彰，賈后從舅。賈謐，郭彰皆賈后親信，陸機却倚附他們。此句是說陸機倚附權貴。

㉒傅玄句——傅玄，字休奕，西晉作家。剛隘，剛強狹隘，好勝不能容忍。詈（lì），責罵。臺，尚書臺，古高級官署名，這裏指高級官吏，指當局。傅玄官做司隸校尉，按舊制，在殿外，司隸坐在卿上。在殿內，坐在卿下。掌禮官以崇訓官為殿內，讓傅玄坐在卿下，說這是尚書安排的。傅玄大怒，咒罵尚書以下官員。

㉓孫楚句——孫楚，字子荊，西晉作家。愎（bì），倔強，任性。訟府，爭辯曲直於官府之意。孫楚到驃騎大將軍石苞幕府去工作，他見石苞作揖不拜，說："天子命我參卿軍事。"兩人因此不和，互相控訴。

古之將相，疵咎實多：至如管仲之盜竊㉔，吳起之貪淫㉕，陳平之污點㉖，絳灌之讒嫉㉗。沿茲以下，不可勝數。孔光負衡據鼎,而仄媚董賢㉘,況班馬之賤職,潘岳之下位哉?王戎開國上秩,而鬻官囂俗,況馬杜之[磐]罄懸,丁路之貧薄哉㉙?然子夏無虧於名儒,濬冲不塵乎竹林者,名崇而譏減也㉚。若夫屈賈之忠貞㉛,鄒枚之機覺㉜,黃香之淳孝㉝,徐幹之沉默㉞,豈曰文士,必其玷歟㉟?

注釋

㉔管仲句——春秋時齊人,名敬仲,當時著名政治家,後相桓公,富國強兵,一匡天下。盜竊,《說苑·尊賢篇》有"管仲故成陰之狗盜"的說法,相傳他幼年做過盜賊。咎,過失也。

㉕吳起句——吳起,戰國時衛人,當時著名的軍事家,曾爲魏文侯將,後相楚悼王。貪淫,據《史記·吳起傳》說他"貪而好色"。

㉖陳平句——陳平,字孺子,曾爲高祖屢出奇計,後爲丞相。污點,指相傳平居家時有"盜嫂"之行。陳平得到劉邦信任,周勃、灌嬰說他在家時與嫂私通,又接受諸將金銀。

㉗絳灌句——絳(jiàng),指周勃,因佐高祖定天下,封爲絳侯。灌,指灌嬰,從高祖屢建功績,封潁陰侯。讒嫉,是說周勃和灌嬰因嫉恨陳平與賈誼而讒毀之。

㉘孔光二句——孔光,字子夏,西漢成帝和哀帝時的丞相。衡,即阿衡,商代官名,伊尹爲之。阿,倚也;衡,平也。謂湯倚伊尹而取平也。鼎,古立國的重器,後借爲三公的代稱。衡和鼎,這裏均指丞相。仄,不正。董賢,字聖卿,因貌美性柔,哀帝幸之,出則驂乘,入侍左右,常與帝同卧起,後官至大

㉙王戎四句——王戎,字濬(浚)沖,西晋人,爲竹林七賢之一。因平吴有功,封安豐侯。性貪吝,田園遍諸州。秩,原爲官吏的俸祿,這裏指官吏的職位或品級。鬻,賣也。罶,通遛,遛遊也。罶俗,跟世俗沉浮。馬杜,指司馬相如和杜篤。磬,當作罄,罄與磬通,空也。磬,家貧如洗,只有樑上的懸磬。丁路,指丁儀和路粹。這四句意思是王戎是開國大臣,却賣官納賄,隨波逐流,何況司馬相如、杜篤家空只懸一磬,丁儀、路粹那樣貧窮呢。

㉚然子夏三句——子夏,孔光的字。無虧,無損。不塵,不玷污。竹林,即竹林七賢。山濤、阮籍、嵇康、向秀、劉伶、阮咸、王戎七人。這三句是説,這些不損害孔光稱爲名儒,不妨礙王戎列入竹林,因爲名位高了,譏諷也少了。

㉛屈賈句——屈,指戰國時楚國的偉大詩人屈原。賈,指賈誼,西漢初著名作家,以其年少,世稱賈生。曾上《治安策》,陳述治國之道,切中時弊;後爲梁王太傅,梁王墜馬死,誼常哭泣,歲餘亦死。

㉜鄒枚句——鄒,指鄒陽。枚,指枚乘,字叔;二人皆西漢時作家。景帝時,均事吴王濞,濞陰有邪謀,二人諫之,不聽,預測吴不能長,一同離吴之梁。機覺,機智警覺,即指此事。

㉝黄香句——黄香,字文强,東漢人,和帝時,官至尚書令。淳,大也,黄香爲有名的孝子,據《後漢書·文苑傳》説他"九歲失母,思慕憔悴",事父至孝,夏扇枕席,冬則以身温被。

㉞徐幹句——徐幹,建安七子之一。沈默,指他輕官忽祿,不慕高貴,曹丕《與吴質書》中説:"而偉長獨懷文抱質,恬

淡寡欲,有箕山之志,可謂彬彬君子者矣。"

㉟豈曰二句——玷(diàn),玉的斑點,指缺點。兩句意思是難道說文人一定是有缺點的嗎?

蓋人禀五材,修短殊用,自非上哲,難以求備㊱。然將相以位隆特達,文士以職卑多誚;此江河所以騰湧,涓流所以寸折者也㊲。名之抑揚,既其然矣,位之通塞,亦有以焉㊳。蓋士之登庸,以成務爲用㊴。魯之敬姜,婦人之聰明耳,然推其機綜,以方治國,安有丈夫學文,而不達於政事哉㊵?彼揚馬之徒,有文無質㊶,所以終乎下位也。昔庾元規才華清英,勳庸有聲,故文藝不稱;若非台岳,則正以文才也㊷。文武之術,左右惟宜㊸。郄縠敦書,故舉爲元帥㊹,豈以好文而不練武哉?孫武《兵經》,辭如珠玉㊺,豈以習武而不曉文也?

注釋
㊱蓋人四句——禀,承受,謂承受於天或自然的命運、體性和氣質等。五材,古指五種德性,即勇、智、仁、忠、信也;或謂指金、木、水、火、土五種物質也。此四句謂人具有五種材質,有的人多,有的人少,不是聖人,很難齊備。

㊲將相四句——特達,特出之意,此處謂將相因位高而常受到特別的寬大。誚,責怪。騰湧,奔騰澎湃。涓,細小的流水。這四句大意是將相因位高而著名,文人因位卑而遭諷刺,

用江河比將相，用涓流比文人。寸折，多轉折，比喻文人被譏誚。

㊳名之抑揚四句——抑揚，隱蔽，顯露。其，助詞，無義。然，這樣。通塞，高低之意。以，表原因。這四句意思是名聲受到壓抑和推崇，就是這樣的，位置的高低也是有原因的。

㊴蓋士二句——登庸，選拔重用。務，事務。這兩句意思是士人被錄用，是憑他的辦事能力作標準的。

㊵敬姜六句——敬姜，春秋魯大夫公父穆伯之妻，文伯之母，早寡，情達知禮，愛紡織。後文伯相魯，曾告以"治國之要，盡在經矣"之言。推，推論，推理。綜，織布機上帶着經綫上下交錯形成梭口以受緯綫的一種裝置。大夫，指男子，與上文"婦人"相對。這六句大意是，敬姜是個聰明的婦人，她能從織布機上加以推論，來比喻治國安邦，哪有丈夫學了文章却不懂政事呢？

㊶揚馬二句——揚，指揚雄；馬，指司馬相如。文，文采，主要指能寫作。質，本質，主要指品德。這二句意思是揚馬等人，有文才而缺少好的品德，終於處在低下的職位。

㊷庾元規五句——庾亮，字元規，東晉時的大政治家，曾任中書令和征西將軍等要職。東晉偏安，有恢復之志。才華，才能，這裏指寫作才能。勳和庸，均功勢之意。文藝不稱，創作不被稱揚。岳，本爲高山，中國有五嶽，故引申爲地方諸侯之長。這裏是說庾亮因功大位高，寫作才能雖好，不爲人所稱道。如果不是做高官，他會以文才出名的。正，主體，與副相對。

㊸文武二句——這兩句是説一個人的文才和武術，應適當地結合起來。

㊹郤縠二句——郤(xì)縠(hú)，春秋時晋人，文公因爲他淺禮樂而敦讀書，必知用兵之道。故擧之以爲將。敦(dūn)，勉力，即努力之意。擧，選拔，擧用。

㊺孫武二句——孫武，春秋時齊人，著名軍事家，吳王用爲將，遂霸諸侯（在諸侯中稱霸）。兵經，指孫武所著的兵法，《漢書·藝文志》有《孫子兵法》八十二篇。辭如珠玉，文辭很好。

是以君子藏器，待時而動，發揮事業㊻；固宜蓄素以弸中，散采以彪外，梗柟其質，豫章其幹㊼。摛文必在緯軍國，負重必在任棟梁㊽，窮則獨善以垂文，達則奉時以騁績㊾。若此文人，應《梓材》之士矣㊿。

注釋

㊻藏器三句——藏，懷抱。器，才德，才學。這三句意思是君子具備了才德，待時施展，做就一番事業。

㊼固宜四句——宜，應該。素，質地，指才德。弸(pēng)中，充满其中。彪外，文采顯著於外。弸中，彪外，指内外説的，才德蓄含在内部，文采顯現在外表。梗(pián)柟，兩種樹名，都是質地堅硬的木材。豫、章也是兩種樹名，它們都樹幹高大。是説（有才德文采的人）像這四種樹木那樣，質地好，又高大又有才幹。

㊽摛文二句——摛文，寫文章。緯，經緯，組織，規劃。兩句意思是寫起文章來一定要考慮謀劃早圖大事，擔起重任來要成爲棟樑。

㊾窮則二句——窮,這裏是不得志的意思,達,得志,與“窮”相對。不得志時要修善自身,寫文章留傳後世;得志時要及時建功立業。

㊿若此二句——若此,像這樣(的文人)。應《梓材》,適合《梓材》所說的人才。

贊曰:瞻彼前修,有懿文德(51)。聲昭楚南(52),采動梁北(53)。雕而不器(54),貞幹誰則(55)? 豈無華身? 亦有光國(56)。

注釋

(51)瞻彼二句——修,美好也。前修,指有德有才的作家。懿,美。文,指寫作才能。德,品德。兩句意思是,觀看以前的賢人,具有美好的文才和品德。

(52)聲昭句——此句指屈原和賈誼的名聲傳遍楚地。

(53)采動句——采,文采。動,震動。梁北,指鄒陽枚乘。鄒陽和枚乘文采震動梁國。

(54)雕而句——指人徒有外飾而無才德。

(55)貞幹句——貞幹,即楨幹,是築墻所用的木柱。竪在兩端的叫楨,竪在兩旁的叫幹,引申爲支柱,根基,根本。則,法則、榜樣。與上句連起來意思是無才無德,没有支柱(才具不够),還能做誰的榜樣?

(56)豈無二句——難道文章不能顯身耀名,也要爲國争光。

簡評

　　劉勰認爲對於一個作家的評價，一要看他的道德人品，二要看他的才幹。《程器》一文就是本着這個主旨而寫的。程器的"器"是指材器，指的就是具有道德人品和識見的"棟樑之材"。"程器"就是衡量一個作家有沒有這種包括道德品質、政治識見在内的全面修養。

　　"貴器用而兼文采"，這是《尚書·周書》論"士"（人才）的標準，就是首要能成大器，在政治上有大用，再兼寫文章的才華。與"文人無行"相對舉。他對曹丕的"文人無行"之說，甚爲不滿，一些作家在品行方面有缺點，自古以來那些將相、達官貴人也有類似的缺點，他們的品行不一定比文人的好，只是他們的政治地位高，有權有勢，"名崇而譏减"罷了。文人地位一般是低下的、卑賤的，所以稍有不慎，就會遭到別人的譏諷。這一部分好像是爲文人鳴不平，與創作沒什麽關係。

　　劉勰理想的人才是文武雙全。"文武之術，左右惟宜"，"好文"的人可以"練武"，兵法家也可以"習文"，舉出孫武子的文章"辭如珠玉"來說明。"摛文必在緯軍國，負重必在任棟樑"，寫文章的目的在於經邦緯國，負重任則是爲了作棟樑之材。一個文人不懂政治，不立足爲國，文章也是寫不好的。

妙手屠龍記
——追憶溫繹之先生
謝景和

此馬非凡馬,房星是本星。向前敲瘦骨,猶自帶銅聲。
——李賀《馬詩二十三首》之四

驚　艷

　　大學畢業前曾選修了幾門課,如華鍾彥先生的詩歌欣賞,溫繹之先生的《文心雕龍》選講,張玉林老師的西方美學史,何法周老師的韓愈文選。華鍾彥老師的詩詞欣賞別開新面——他課堂上的吟誦近乎唱詩,抑揚頓挫盪氣迴腸,輕重疾徐層次分明,餘音裊裊,令人回味無窮。
　　溫繹之先生的古代文論是印象中的最完美收官。時值冬天,他頭戴舊氈帽,捂着大口罩,身穿"半截羅"(短大衣),纏着棉圍巾,裹得十分嚴實。身材不高,身

妙手屠龍記

軀臃腫，且步履蹣跚。進屋先卸圍巾、再脫大衣，露出的竟是厚棉襖；講課動情脫去時，無領絨衣上又罩着厚棉坎兒。看模樣就像一個老農民，決不是學子心目中極爲傾慕的儒雅學者形象。

一般來說，老師進教室推開一扇門就安然進入了；帶的資料多時，就會有同學跑上去接過，擋着門恭請先生進來，再輕輕關上，將資料放到講桌，把老師水杯添滿水，蓋上蓋兒，才回到座位上細心聽講。

而他進教室，得打開兩扇門，就那，還得側着身。真是橫着進來的！走上講臺，未語先喘，摘了口罩就是一陣咳嗽，老淚也就隨之而下。攤好教案，是用一口地道的河南話作的自我介紹：“我有氣管炎，不敢見風，一到冬天就喘；還有心臟病，血壓也高，本來是個廢物；結果領導讓我廢物利用，我只好苟延殘喘來了……”神態從容，語言平易風趣却透着自信。大家見他年紀這麼大、身體那麼差，病成這樣了還爲我們講課，十分感動，聽課也就格外認真。不料，開講就讓我們擊案稱奇：他對《文心雕龍》研究得很深很細，所進行的考辨很是精到，釋詞解題精當允切，言語平易舉

· 243 ·

重若輕，舊時讀過的疑難困惑之處竟於其儼儼談笑之間得以破解，分寸拿捏得不瘟不火，境界博大，見識超凡，讓多年從教的老大哥們也暗自嘆服。

不過溫老師絕不將之攬於名下，輕言淡語揭出謎底："這個詞我想半天，也找了好多書，都覺得不準；就問高文先生——高先生學養精深哪，說按照音韵，要找《世說新語》之類的詞語理解，會更爲貼切，果然就找着了。問學問學，就是邊問邊學呀！"

言爲心聲，情動於衷——樸實的話語既把自己求學問道的精研過程予以披露，也將師友之間相互仰慕亦趨亦從的道義彰顯出來，並將溫繹之先生忠厚謙抑的品性展示給弟子。曲終人散，餘韻猶在，至今想來仍驚艷如初……

畢業之時，因生性憊懶，也不奢望名師簽名，只把聽課印象銘記於心。偶與友人談起，才扯出些許印象，聊爲憶念。對溫繹之先生的教學藝術發自內心的敬慕，令許多同窗嘆爲神遇。

在商丘，偶然與同事陳今曉談起溫繹之先生，仍感喟良多——那些穿着不講究，沒有一點儒雅風度的老教師咋會學問恁深，看着貌不驚人，却是一肚子學問，開口就讓人刮目相看，越聽越有味，敬慕向道之心油然而生。就像當時的著名影片，開場時的形象猥瑣、貌不驚人、穿着落魄者，隨着劇情的發展竟成了不可或缺的重要角色，令人始料未及，驚爲天人。不料今曉肅顏正容說：他已謝世。聽後愕然，竟不敢相信。陳信春老師時任副校長，溫先生患病，他親自組織搶救，還多次到病房探視，可見溫先生在中文系教師隊伍中舉足輕重，非同小可。

後來和原文學院長、博士生導師張生漢教授暢談溫先生掌故，他也大有感慨："溫先生教學可不得了，既深入又穩妥；多年從教，功力境界很深，還當過尉氏教育局長，治學極不一般！"

現在能夠復述他故事的人也不多了，那就以詩爲证吧：

衰軀臃腫裹重衣，自言廢物利用期；細發文心布妙諦，眼前俊彥簇溫師。

——咏文學院諸先師

緣　分

原想哲人其萎廣陵散絕，不料山重水復竟柳暗花明……

學友張雲鵬教授任出版社總編輯後，相知益深，格外投契，常把重要的學術文稿交我處理。

今年國慶節後，爲出版溫繹之先生的遺著，使先師學術思想得以刊佈，很快就把家人精心整理的講稿轉交於我。初讀之後，便不揣鄙陋寫出初審意見：

《文心雕龍》選講

《文心雕龍選講》係文學院名師溫繹之先生飽含心血之作,當年講學效果格外突出,言語通俗到位,學理分析警人,博得了 77、78 級學員的一致好評。今經其家人、弟子周密整理,將舊時精心編著的講稿結爲《選講》予以刊佈,追終慎遠,功莫大焉。

先生遺作《劉勰與文心雕龍》簡要介紹了劉勰及其成書經過,言簡意賅地揭示了《文心雕龍》"體大思精"的特點,可謂知人論世,精深之處不一而足。

該著精心選摘《文心雕龍》十八篇,依據善本精心注釋,卒章結爲短評,含蓄雋永,啓人深思。表面看來,該著打散了原有的結構格局,而以《序志第五十》開端,《總術第四十四》、《物色第四十六》也分別穿插於《神思第二十六》和《夸飾第三十七》之前,似乎與劉勰文思迥異。其實這與王元化先生按文章內部規律重新歸納整理殊途同歸,顯示了先師對於《文心雕龍》格局的獨到體悟。擬在排版後,再選取善本進行校勘,以確保其文義;並對相關注釋深入體會,加深理解。

忝爲責編,能爲先師遺著盡晚學弟子之力,慶幸之極。

当我交给资深编审袁喜生老师复审时，他在复审意见中把温先生的学术渊源及重大影响予以扼要介绍，一再面嘱我：务必做深做细，严格以求，使先生遗作早日刊布。

温绎之先生泉下有灵，定当展颜笑慰……

家　世

温绎之，乳名"留记"；读书后改名"寻"，字"绎之"。

1915年2月18日（农历正月初五）生于尉氏县邓家村两代单传的农耕之家。作为香火传人，起名"留记"——继业者，备受长辈宠爱。

他自幼聪颖，体恤父母农耕的艰难。八九岁就读当地最好的私塾，发奋苦读，所学课程皆熟读成诵，深得塾师青睐。入国民小学得到新知识、新思潮的濡染，视野洞开，各科成绩一马当先。考入开封中学，蒙名师指教，心智全面发展，学业水涨船高。毕业时投考中州名校河南高中和郑州高中，皆被录取，这使他在家乡声名远播，视为异禀。其父看到爱子品学兼优，是不世出的读书种子，罄全家财力供其读书，以求改变"眼望黄土背朝天"的农耕生活。因考郑州高中列为榜首，心智极高、寒门出身的温绎之，得到师长们倾囊以授，学习成绩更是"芝麻开花——节节高"。

1936年考入省立河南大學文學院,實現了家族的夢想。

河南大學藏書豐富,資料完備,文學院名師雲集,極一時之盛:嵇文甫、邵瑞彭、高亨、姜亮夫、朱芳圃、段凌辰、蕭一山、羅根澤、劉盼遂、張邃青、繆鉞、涂公遂、盧前等知名學者先後任教於此,安陽殷墟考古更使河南大學聲名遠揚。青年學子溫繹之遂其好學深思之志,飽覽典籍,手不釋卷——每天早起背誦古詩文,上課勤記筆記,晚上補記日記,養成了深思博識、辨疑問難的良好學風。他把執經叩問,請益名家教授指點迷津的夫子之道悉心領悟,學業精進更上層樓,並對治學竅要諳熟於心,小叩大鳴,舉一反三,徹悟精髓,亦趨亦從,境界功力皆有所成,博得名家青睞,倚爲門生。

在他心中,寄寓着家族夢想,還有全家巨大的支出——沒有其他經濟來源的父母,既要養家糊口,又要供他求學,格外節儉仍入不敷出。咬牙賣地供他讀完高中,又忍痛賣地供他讀完大二。到大三時,保命的熟土祖田實在難以割捨,通曉世事又立志自立的溫繹之,便休學謀業積存學費,以求早日復讀。

魔 劫

溫繹之先生的長子耕圃老師(許昌市一中退休教

師,其名寄託了溫繹之先生對農耕之家的深情眷戀與誠摯紀念),與老社長宋應離教授是同窗好友。他撰寫的《繹路光華滿桃李》全面介紹了乃父生平:

父親經人介紹到尉氏坡徐小學任教了五個月(1938年2月~6月),就逢日寇進入中原。一日,日軍三人竄入我村搶劫,村民自發抵抗,二人斃命,一人傷逃。大隊日軍蜂擁而來,屠洗全村。死屍遍地,燒房焚屋,火焰衝天,數日不散,慘狀有史罕見。幸存者紛紛逃命,父親攜同堂叔西海(三爺家長子)連夜外逃。

1938年夏初,國民黨軍隊扒開黃河,阻擋日寇南進,河水一瀉千里,家鄉變成澤國。百姓只得攜妻帶子出外逃荒。祖父掩埋好被日寇燒死在堂屋的曾祖母遺體(據說:曾祖母從灰堆扒出來只剩二尺半長),領着祖母、母親、二姑和我及不滿周歲的大妹玉蘭邊逃難,邊打聽父親的消息,到郟縣吃了一周災民飯後,以乞討度日,靠我母親做奶娘勉強糊口。

溫繹之為了躲避日寇搜尋,晝伏夜行地尋找母校。終於在年底找到遷居鎮平的母校,復讀後才輾轉與家人取得了聯繫。

河南大學於砲火紛飛的不斷遷徙中,諸多名師離井背鄉、顛沛流離之餘，仍不忘光復中華民族的優秀文化，爲中華文明的流佈嘔心瀝血，爲民族優秀文化的存續辛勤耕耘。他們弦歌不輟，設帳講壇，興絕學，繼遺世，帶領諸多學子發憤課讀。青年温繹之面對亡國恥、屠祖仇、毀家恨，更是心感身受，百倍刻苦，在家人流散、自身漂離的艱難時世，成爲抗戰期間河南大學的優秀學子，1941 年畢業，從此獻身河南教育，終無怨悔。

出　道
【中學(1941 年—1954 年)】

　　民國時期的河南教育，省會開封一枝獨秀，教學資源充足，名師衆多，公立學校與私立學校競爭，教學精益求精。全省教育資源分佈却不盡如人意，能講課的名師成爲爭相競聘的目標。抗戰爆發後，許多名校遷移豫西南，初出茅廬的温繹之要想在課堂上立住脚，並贍養全家，就得咬住牙根，百般低頭，備嘗人世艱辛。這對滿腹才華血氣方剛的青年温繹之來說，就是人生一道道必須邁越的關隘。

　　於是，他先在魯山縣魯陽私立高中當了兩年語文教員，又謀到郟縣中學教務主任。因其寒門出身，盡管恪守本分，敬上寬下，處處小心，仍遭到當地權豪子弟百般凌辱，"白眼向天，青眼看文"的温繹之忍無可忍，憤然離職。

據長子耕圃老師回憶：

  1943年8月父親經人介紹，到因避國難遷校郟縣的安陽高中擔任國文教員。安陽高中用人十分挑剔，非北大、北師大畢業者不肯任用，但因父親的課講得好，深受學生歡迎，加之工作認真，一絲不苟，校長十分滿意，才在安高站穩了腳。

  不久日寇南侵，郟縣淪陷，安陽高中南遷内鄉。剛卸行囊，又受命遷往西安，家屬留居黃營村待命。1945年日寇投降，安高師生遷回安陽，温繹之才回内鄉接家眷返鄉。

還　鄉

據耕圃先生説：

  父親領着我們，乘坐一輛高輪架子車，途經南陽、許昌，直抵尉氏省親（祖父母、二姑母早由郟縣回鄉開荒種地，暫住縣城），準備稍住幾日，再赴安陽。

  家鄉逃難出來的人家，能一員不損返回故里

者,寥寥無幾。我家逃難七口人,能全員返回,得助於父親教書工薪的支撐和母親節儉度日的操勞。可謂:"八年顛簸異鄉地,生還回里酬上天。"

而立之年的溫繹之没有想到:自己的磨難這才開始,命運的巨大轉折竟嚴重影響了他的後半生。

時　變

他返里探親向安高告假時,校長楊子瑞擔心尉氏強力挽留,而溫繹之礙於情面難以踐約,就扣發了一個月工資,等他到安陽後補發。尉氏方面得知而立之年的名師溫繹之返鄉如獲至寶(當時高中很少,教師十分稀缺),苦留不放。他思忖再三,仍決定赴彰。尉氏當局就軟硬兼施,迫使他留下——委任他簡易師範學校校長(當時尉氏縣最高學府)。他只得不辱使命,以驚人的幹練整頓校風,嚴明校紀,精選老師,明確職責,並帶頭教課,校貌頓時改觀——學生發憤讀書,教師盡職盡責。博得社會贊譽後,縣府竟昇遷他爲教育科科長,成了國民黨縣黨部的主要成員。

難怪耕圃先生多年後還油然感喟:

> 不足一年(1946年10月至1947年7月)的科長生涯却給他以後的政治生活和精神上釀造

出不小的痛苦——解放後歷次運動，都要調查他這段歷史的真實情況，凡涉及這段時間尉氏縣黨政方面的重大問題或重要人員，調查人員都來向父親瞭解，要他寫出證明材料（與他同時任職的僞政府官員，除逃至臺灣的外大都被鎮壓，很少有人在人民政府部門工作）。

作爲一個正直的知識分子，他恪盡職守，孝敬父母，清白做人，公正處事，這在故鄉有口皆碑。返里爲政，更以服務鄉梓、造福百姓爲己任。歷經政權更迭，政治運動不斷，却能保全己身——這與他謙恭有禮，處事清明，業務精湛，治學深邃，教學突出大有關係。

然而，付出的代價却過於沉重了。

昇　壇

1948年3月，溫繹之受鄭州聯立師範學校校長聘請，前往任教。

尉氏縣人民政府成立後，籌辦尉氏中學，發函敦請他回鄉辦學，大展宏圖；並派縣文教科長向他講明政策，打消顧慮。籌備期間的諸多事務如聘請教師、置辦教具、修繕校舍、制訂招生計劃等都由他親手精心擘劃，使新中國的尉氏文化教育事業得以健康發展。該校與縣南大公中學（即蓬池中學）合並後，成爲尉氏縣第一中學，溫繹之和大公校長王采青被任命爲正、副校長。由此，他成爲尉氏縣一中創始人之一。

1950年8月鎭反運動後，溫繹之調到杞縣高中任教（當時陳留專署唯一高中），得到校長耿元瑞、書記魯放的重用。其長子耕圃1952年於尉氏中學畢業考入該校，全家遷居杞縣。

1954年河南省委、省政府遷鄭，開封專署（轄開封、尉氏、通許、杞縣、蘭考五縣）僅有杞縣高中。同年杞高遷汴，爲開封二中（北道門原省委大院）。暑假期間溫繹之調至河南師範學院（今河南大學，據説是嵇文甫、任訪秋先生舉薦，經河南省教育廳批準），家也定居開封——初住大紙坊街，又搬文化街，再遷水車胡衕（先8號後15號），1982年落居河大家屬院（明倫街1號附2號）。

多年執教，讓不惑之年的溫繹之先生既獲得了豐富的教學經驗，諳熟了教學規律，鍛煉了自身的才幹，又真切體會了世事艱難。他爲人本分，勤謹幹練，每臨大事敢擔承，對於繁難的教學瑣務涓細不棄，舉重若輕，博得同仁的衷心欽敬，也使歷屆領導對他十分倚重。

然而，短暫的亂世舊政府從政經歷，使之背上了沉重的歷史包袱，壓得他喘不過氣來。每到運動來臨，他都無計逃避，無可奈何地接受一次次審查，戰戰兢兢如臨深淵，以躲避隨時導致自己和全家的無端禍難，爲此，消磨了正值盛年的大好歲月，並暗自嚙噬了身心。

登 堂
【高教(1954年—1983年)】

1954年9月，已近不惑之年的溫繹之調到河南師範學院任講師，分到上古文學教研室，講授《詩經》、《楚辭》和先秦散文，這使他激情滿懷。

1955年肅反運動開展，溫繹之又入了審查之列。結束時，因其多年執教中學，和參加函授的中學老師便於交流，領導就把他調到函授部——每學期兩次到各地市函授站講課輔導，其他時間自己支配。溫繹之十分珍惜這個機遇，讀了不少書，並受函授雜誌編輯部之邀，寫了不少文章。

1957年反右派運動開始。開封師院不少人被劃成"右派分子"交群衆批鬥；風浪尚未平息，又是席捲中原大地的58年"共產風"，作爲歷次運動中"老運動員"，沉重的歷史包袱已如五指山壓頂，動輒得咎的現實境遇更使他噤若寒蟬，雖然滿懷報效新中國教育事

業的雄心壯志，但接連不斷的政治運動已如脫繮野馬，脫離了軌道，豈是哪個清醒如斯者能夠力挽狂瀾於既倒的呢？他能頭腦冷靜，實事求是，不偏不倚，表現出一個老知識分子正直無私的優秀品格，已是難能可貴了。

風浪過後，教學日趨正常，他才回到中文系，講授隋唐五代文學。

浩　劫

史無前例的"文化大革命"，溫繹之又受到重擊：珍藏的傳家至寶遭到洗劫，心愛的藏書多被收走，多年積累的教案、資料、手稿也灰飛煙滅。之後，開封師院在尉氏縣永興公社開闢農場，作爲員工特別是老年教師思想改造的五七幹校，日出而作，日落而息，躬耕壟畝，使之成了地地道道的農夫。

表面看來，既無科研之操神，又無備課之勞心，適時播種、收穫，也可以說是寄身大自然，悠閒度日月了。但對早就立志精研學術、光大師門的已近花甲之年的溫繹之先生而言，不能讀書、治學和科研，就等於舍棄了立身之命，無疑是摧殘人生囓噬心靈之悲劇。其內心的痛苦豈是繁重的體力勞動所能麻痹的，痛苦的精神煎熬如毒蛇噬心……

唉，"不思量，自難忘"。（蘇軾《江城子·乙卯正

月二十日記夢》）

屠　龍

　　1976年，粉碎"四人幫"，結束了"十年動亂"，碩果僅存的老專家學者們才分期分批歸校，重操舊業。爲加强古代文學理論教研，1980年中文系讓雖過花甲之年，但造詣精深、功力深邃、教學突出的老講師溫繹之先生從事古代文學理論研究和教學，爲此，他精心準備了三十年，厚積薄發，果然是："老驥伏櫪，志在千里；烈士暮年，壯心不已！"（曹操《步出夏門行》其二）……他終於在自己的有生之年，亮出了看家絕藝——《文心雕龍》選講。小試身手，就舉重若輕，一鳴驚人，這才有了"驚艷"中提及的聽課奇遇。

據溫耕圃老師撰文回憶：

> 起初選修此課的僅限於本校中文系的學生。一年後省內各大專院校從事文學理論教學工作的人，大都來聽父親的課。父親多年潛心鑽研，功底扎實，見解精闢。課又講得好，很受歡迎，加之河南省高等院校都沒有開設（其他省院校開的也不多），父親獨辟蹊徑，很快就引起學術界的高度重視。

予生也晚，竟成爲首批弟子，親聆先生謦欬，幸何如之？

然而，博大精深的夫子之道豈是我輩淺嘗輒止管中窺豹者所能了然的呢？

溯　源

袁喜生，"文革"中期留校任教，對河南大學文學院道統師承極爲傾慕，了然於心。我們進校讀書後，凡是名家夙耆登壇授課，總會見他拿着書本和筆記本一道旁聽。課後恭立先生近旁，面請疑惑，並與大家暢言所感，慢慢就熟不拘禮——雖是師生之名，却誼在師友之間了。

2003年，我在河南大學出版社擔任特約編輯後，常向他問難求知——知無不言，小叩輒發大鳴，興發之時，常講些文學院名宿掌故，使我獲知匪淺。除了嘖嘖艷羨名師先賢的精深造詣，也互通時下學術界名流近況，月旦一些無端笑料，並把珍藏的稀有版本書刊借閱於我，使我洞悉學術門徑，在學術書籍編輯的道路上不無小成。他對邵瑞彭（次公）1930年代執掌文學院的功績格外仰慕，並對邵的詩文造詣、書法藝術乃至名士氣度嘖嘖稱奇，以爲使河大文學院名揚全國，提昇治學層次，招攬名流學者前來報效的非此公莫屬！牛庸懋老師師從國學大師黃侃高足段凌辰教授的故事也是由他口中得悉根由，並從《儒效》雜誌中展開探究的——他與牛先生是大同鄉，每有外出常住同室，靜夜暢談往事，使之受益良多。他轉述的那些故事，由於親聆教益，真切感人，總是令我過耳難忘。

道　統

河南中州大學文史傳統極爲豐厚，時任校長的凌冰先生就曾親自率領學生背誦《文心雕龍》(見《于安瀾先生紀念集・自傳》),而國學名師段凌辰先生的研究強項也與此大有關聯。其學術著作《中國文學概論》中就常常大段引用劉勰原文來展開相關論述,《六代文論史》中也設有專節,其恢宏的學術視野,精深博大的修爲,戛戛獨造的精妙境界令我輩望塵莫及,食之一臠即餘香滿口,回味無窮了,孰敢望其項背? 難怪黃侃先生如此稱譽道:

> 汲段凌辰有《中國文學概論》問世。予嘗謂中國哲學史最難爲,以其腹大如洞庭湖;文學史最難爲,以其尾大如揚子江。今段生之爲,其將揚舠鼓柁以泛此浩洋之津耶? 是未可知也。予雖無似,願爲水手焉,長年焉。送君者自崖而反,君自此遠矣。

范文瀾先生執教河大期間,以此展開精深研究,也是一種境界極深的道統,源遠流長,自非一日始矣。

據袁喜生老師回憶:温繹之先生講的《文心雕龍》是根據范文瀾先生在河大講授《文心雕龍》時的聽課筆記所進行的深度加工,名師高徒淵源有自,再加上他苦心孤詣,情有獨鍾,自然會體悟良多,精妙之至。

師　承

袁喜生先生在復審意見中這樣寫道：

　　溫氏是現代《龍》學巨擘范文瀾先生的高足，《選講》的基本框架，即來自抗戰前范先生在河大主講《文心雕龍》時的課堂筆記，因而比較忠實地傳承了范氏《龍》學的精華。抗戰以後，范氏投身革命，無暇顧及《龍》學，繼續沿着他的學術思路進行發揚光大者，唯有此書。

　　《文心雕龍》全文 50 篇，此書只選講其中 18 篇，排列順序亦多與原著不合，表現了溫氏獨到的選家眼光和理解的深度。

　　全書首先對劉勰與《文心雕龍》進行簡要介紹，然後從《序志》開始，對所選 18 篇正文依次進行講解，內容循序漸進，語言通俗易解，毫無故作高深之通弊，是《龍》學入門的理想讀物。

據耕圃老師撰寫的《繹路光華滿桃李——父親的一生》介紹：

　　《文心雕龍》是我國古代成就空前的文學理論和文學批評專著，字艱句澀，思大體精，別人大都不願花費事倍功半精力，而父親對其情有獨鍾，愛不釋手，深入探討，並寫出論文，為後來獨開《文心雕龍》選修課，打下了良好的基礎。

這使我多年的疑惑得以釋解：治學必須治經，先領悟其博大精深，再精研其百般竅要，再深究其經典命意，達到豁然開朗了然於心的至深境界，方能百無礙難，從容佈道。先師牛庸懋、宋景昌追隨國學大師黃侃高足段凌辰教授治學時，分別以鍾嶸《詩品》和阮籍、嵇康為研究對象，搜扒史籍，鈎玄稽要，深入體察，詳加考辨，知人論世，獲得戛戛獨造的絕藝。溫繹之先生的修為與二位先師堪稱伯仲，治學路徑異曲同工，難怪其教學效果那麼精彩呢！

耕圃老師還深情追慕乃父生前志向：

> 父親起名"溫尋"、命字"繹之"。"尋繹"者，探究事理也，表現出他遇事尋根溯源，打探究竟的精神。
>
> 對先秦各家流派的著作他齊讀共賞，潛心探討他們的政治主張，立說之本，文學價值，及它們對後代文化思想的影響：詩、詞、歌、賦，名家名篇，大都過目成誦。屈原的《離騷》全詩373句，2490字，他竟能一字不錯的從頭背到尾。這是一種持久的硬功夫，需要的是毅力。

二三十年代的作家如魯迅、郭沫若,特別是散文家朱自清,都是他心目中的偶像。

由此可見,他確實是高標鵠的,追慕名家,立志成才的。恰如于安瀾先生中學受教於范文瀾先生文字學闡釋,即對古代音韻產生濃厚興趣,立志於兹;後受教於邵次公(瑞彭)一席話,竟戛戛獨造,獨力編纂出《漢魏六朝韵譜》;並廣採衆長,厚積薄發,對於選定的學術目標不捨不棄,雖歷經磨劫,却早就聲名遠布,已然成爲我國美術理論集大成之泰斗。

絶　響

據耕圃老師介紹:

河南省一家出版社曾向父親征稿,讓其編寫《文心雕龍》譯註選本,填補當時古代文論研究的空缺。父親熟慮再三才應允,於是加班加點翻閱資料,整理講稿。但因肺氣腫糾纏,又引發了心臟病,時時發作,不得不住院治療。撰寫一事只得擱置下來。

温耕圃先生如此回憶了時值花甲之年的慈父心境:

那時他們大都年事已高，但在政府尊師重教政策鼓舞下又煥發了青春，披掛上陣，不鞭自奮蹄，是中國知識分子特有的性格。

1981年河師大在評定職稱時，父親順利地晉昇爲副教授，喜事臨門，舉家歡慶。

1983年8月中旬，溫繹之先生因重感冒引起心臟病發作，河師大醫院全力搶救無效，於8月30日（農曆七月十三日）晚與世長辭，享年68歲。

回想當年問道情形，不覺潸然淚下。那些多年失去了傳承絕藝機會的名家，爲了自己苦心經營百般精研的絕學孤詣不致湮沒，立誓搶回被各種政治運動（尤其是"十年浩劫"）損耗的時間，拼了老命在咬牙撐持，無形之間透支了寶貴的生命——他們的精力已經虛耗在百般無聊的政治運動中，體力已支撐不了百經磨難疲憊至極的身心，著名老專家學者風燭殘年不斷謝世的噩耗，風華絕代的中年學者英年早逝的訃告，引發了全社會的強烈關注和扼腕嘆息。孫作雲、李白鳳在我們入校前就撒手人寰，而華鍾彥、李博、李春祥諸先生都是在我們畢業了先後離世的……溫繹之先生也是其中一員。

翻檢當年先師手迹，常見的塑料皮日記本上以蠅頭小楷工筆書寫，尚留有續補《鎔裁》的痕迹……

可惜天不假年,先生就賚志以殁。

嗚呼,夫復何言?

回　波

温耕圃老師爲慈父所撰寫的碑文披露了如下情節:

父親歷盡滄桑,一世苦難。幼年時家境貧寒,衣食無濟;青年時期兵荒馬亂,流離失所,寄食他鄉,遭人鄙夷;進入壯年,工作繁重,日夜操勞,身心受挫,加之解放後社會運動頻繁,歷史上的包袱造成精神上的威壓,使他鬱鬱寡歡,沉悶度日。三兒四女求食索穿,讀書婚嫁的經濟負擔壓頂,使之身心遭創,病魔乘空而入,噬嗑心肺,未老先衰,特別是到了老年,底氣不足,元氣大喪,體質下降,漸萎漸枯,最終別妻離子,乘鶴而去。

時也命也,化爲蝴蝶。

餘　緒

温耕圃老師的回憶,使我理清了先師的生平綫索，並對母校博大精深的內在氣韻更爲嘆服。命筆之餘，陡生感慨，就有了很不成樣的短歌：

歷來异禀出寒門，單傳兩代慶寧馨。十年苦讀開心智，自命温尋意境深。
留記祖蔭意深長，苦讀典籍禱上蒼。妙諦文心薪火旺，甘旨豐美勝瓊漿！

2012年10月31日晚修訂於武夷路默茗書齋

再懷温繹之先生

妙手屠龍技，温尋乃我師。道統范文瀾，微言解深思。劫後顯絕藝，晚學聞若痴。幸留遺稿在，刊佈正當時！

秋雨催寒衣，夢縈温繹之：舊迹三十載，音容久睽違。文心逞妙口，雕龍潜天機。寄語眼前人，勿謂知音稀。

國運興衰史，卅載歷蹉跎：起伏新政急，消磨舊迹多。身心罹憂患，離亂避網羅。兒女爭果腹，那堪憶南柯？

2012年11月3日晨作於武夷路默茗書齋

温繹之先生工作簡歷

1936 年 9 月—1941 年 1 月 在河南大學文史係學習

1938 年 2 月—1938 年 6 月 任尉氏縣水坡鄉坡徐小學教導主任兼教員（因家境貧寒，休學教書。抗日戰爭爆發。家鄉被黃河水淹沒，外逃找到河大，復學讀書。休學半年時間。）

1941 年 2 月—1943 年 1 月 任魯山縣私立魯陽中學高中部語文教員

1943 年 2 月—1943 年 7 月 任郟縣中學教導主任兼語文教員

1943 年 8 月—1946 年 1 月 任河南省安陽高中語文教員（當時安高遷至郟縣，在郟縣任職）

1946 年 2 月—1946 年 9 月 任尉氏縣簡易師範學校校長兼語文教員

1946 年 10 月—1947 年 9 月 任尉氏縣教育科科長兼簡師語文教員

1948 年 3 月—1948 年 6 月 任鄭州聯立師範學校語文教員

1948 年 9 月—1949 年 2 月 任尉氏縣私立大公

中學校長兼語文教員

  1949年3月—1950年7月 任尉氏縣中學(今尉氏一中)校長,後改任語文教員

  1950年8月—1954年7月 在杞縣中學(高中)語文教員(當時魯放任黨總支書記)

  1954年9月—1983年7月 任開封師範學院(今河南大學)中文系講師、副教授(注:"文化大革命"運動結束後被評爲副教授)。

撰稿:温耕圃

編後記

先父溫繹之生前在河南大學文學院（原中文系）任教，多年來一直從事中國古代文學的教研工作，20世紀70年代轉向對中國古代文論的研究。他開設的《文心雕龍》選講課，備受學生歡迎。本書選講的十八篇是《文心雕龍》一書中最有價值的部分，對我們從事寫作和文學理論研究都具有借鑒和指導作用，特別是每篇中的字解句釋十分詳細，引文例証亦有具體介紹，這就克服了原文艱深難讀之障礙，便於初學者閱讀欣賞。當年講稿保存完好，因年長日久，只有個別處有剝蝕脫落和墨迹含混現象。對此，我和他的學生商其欣同志，在整理過程中都作了認真覈對和補充，盡其能力恢復原稿原貌。今整理就緒，編印成冊，以達先父之遺願，亦供古代文論研究者參考。

《文心雕龍》體大思精，不易理解。先父對此十八篇的注釋，可能有不合作者原意之處。偶遇異體字，爲保存原貌未動。敬請讀者，特別是語言文字研究者糾偏指正。

溫耕圃 2009 年 2 月